Grebing · Willy Brandt

Helga Grebing

Willy Brandt

Der andere Deutsche

Wilhelm Fink

Umschlagfoto: Marion S. Trikosko
Aufnahme vom 13. März 1961

Bibliografische Information der Deutschen Nationalbibliothek

Die Deutsche Nationalbibliothek verzeichnet diese Publikation in der Deutschen Nationalbibliografie; detaillierte bibliografische Daten sind im Internet über http://dnb.d-nb.de abrufbar.

Wilhelm Fink GmbH & Co. Verlags-KG, Jühenplatz 1, D-33098 Paderborn

Internet: www.fink.de

Einbandgestaltung: Evelyn Ziegler, München
Satz: Martin Mellen, Bielefeld
Herstellung: Ferdinand Schöningh GmbH & Co KG, Paderborn

ISBN 978-3-7705-4710-4

Inhaltsverzeichnis

Vorbemerkung

Ein bekannter Brandt-Biograf begann sein Vorwort mit dem kühnen Satz: „Begegnet bin ich ihm nie, aber ich kenne ihn gut."[1] Diesen Satz kann ich in seinen beiden Teilen für mich nicht bestätigen. Ich bin ihm begegnet, aber ich würde mir niemals anmaßen, ihn, wie auch immer begründet, gut zu kennen. Deshalb wird dieses Buch auch nur der Versuch sein können, ihn immer besser kennen zu lernen, sicher jedoch noch immer nicht gut genug.

Die erste Begegnung ereignete sich im Winter 1949. Ich hatte nach der Reifeprüfung auf der Vorstudienanstalt der Berliner Humboldt-Universität (spätere Arbeiter- und Bauern-Fakultät) seit Herbst 1947 dort drei Semester studiert, war Ende Januar 1948 in Berlin-Pankow in die SPD eingetreten und zum Sommersemester 1949 zur Freien Universität übergewechselt. Zum turnusgemäßen Treffen der SPD-Hochschulgruppe, der Studenten und Dozenten gleichermaßen angehörten, brachte Annedore Leber, Witwe des von den Nazis ermordeten sozialdemokratischen Widerstandskämpfers Julius Leber, einen ‚Überraschungsgast' mit: Willy Brandt. Irgendwie, so erinnere ich mich an mein damaliges Empfinden, wurde der dunkel-muffige Raum heller, und der sogleich beeindruckende Mann vermittelte in seiner kurzen Rede Zuversicht auf eine ganz andere Zukunft, an der auch wir mitarbeiten wollten.

Zwischen dieser ersten Begegnung und der letzten sollten fast vier Jahrzehnte vergehen. Dazwischen hörte ich ihm auf Wahlveranstaltungen, Parteitagen und Diskussionen zu. Lebhaft erinnere ich mich an den Wahlkampf 1972 in Göttingen, wo er auch hier ‚sein' Volk fand bis in die Reihen eher als konservativ vermuteter protestantischer Theologen, die nun unbedingt auch, nein nicht die SPD, sondern „Willy wählen" wollten. Oder die DGB-Konferenz „Aufstieg des Nationalsozialismus. Untergang der Republik. Zerschlagung der Gewerkschaften" 1983 in Dortmund, wo der Zeitzeuge Willy Brandt die vorwitzigen Historiker Hans Josef Steinberg und Helga Grebing sanft korrigierend in ihre Schranken verwies mit den Worten:

> *Es kann eine Situation geben, wo es für die eigene Würde und die Zukunft derer, die nach uns kommen, besser ist, mit der Flagge hoch unterzugehen als sich einem politischen Verwesungsprozeß auszusetzen.*[2]

In den 1960er und 1970er Jahren hatte ich das Glück, sehr viel über Willy Brandt von seinen Exilgenossen aus der SAP zu erfahren: zuerst in München von Fritz Sternberg, dann in Frankfurt a. M. von Joseph Lang, genannt Jola, Erna Lang-Halbe, Rose Wolfstein-Frölich, Max Diamant und in Köln von Irmgard Enderle und Walter Fabian. Sie kommen alle vor in meinem Buch „Lehrstücke in Solidarität" (1983). Ohne sie, die mich zusammen mit Lucinde Sternberg in ihren Kreis als ‚Nachgeborene' aufnahmen, hätte ich die Dokumentation „Entscheidung für die SPD" (1984) nicht herausgeben können, freilich auch nicht ohne die Unterstützung von Peter Brandt, der nun schon seit vielen Jahren mein Kollege ist.

Der Aufenthalt in Frankfurt a. M. in den Jahren 1966–1972 bescherte mir eine Begegnung besonderer Art: die Bekanntschaft mit dem Ehepaar Günter und Christel Guillaume. Er war als Unterbezirksgeschäftsführer der Frankfurter SPD für die politische Bildungsarbeit in der Partei zuständig, an der ich mich beteiligte; sie war als Mitarbeiterin des Chefs der Hessischen Staatskanzlei und Leiters des Landespersonalamtes Willi Birkelbach (auch ein SAP-Mann im Widerstand), aufmerksam zuhörend, immer dabei, wenn die Referenten der Bad Wildunger Seminare für die politische Bildung der Landesbediensteten am Abend eines Seminartages ihre Erfahrungen und Kenntnisse über Gott und die Welt und selbstredend auch über die Partei untereinander austauschten. Als wir hörten, dass Guillaume nach Bonn ins Bundeskanzleramt gehen würde, haben Lucinde Sternberg und ich Jola empört gefragt, wie man denn so einen Rechten ‚zu Willy' schicken könne; Jolas Antwort war niederschmetternd: „Nennt mir einen Linken, der so viel arbeiten will."

Die letzte intensivere Begegnung mit Willy Brandt fand Ende November 1988 in der Ruhr-Universität Bochum statt. Peter Brandt und ich, als frisch gebackene Leiterin des Instituts zur Erforschung der europäischen Arbeiterbewegung, hatten aus Anlass des 75. Geburtstags von Willy Brandt zu einem Kolloquium geladen.[3] Statt eigener Worte möchte ich zitieren, was Jutta Roitsch damals in der Frankfurter Rundschau berichtete:

Der triste neonerleuchtete Raum füllte sich plötzlich mit Atmosphäre. Da stand ein Mensch im Raum, ohne akademische Titel und wissenschaftlicher Aura, aber mit einer besonderen Geschichte: Willy Brandt, der Ehrenvorsitzende der SPD, genoss sichtlich die Wärme und den Respekt, die ihm in diesem nüchternen Raum, der eigentlich keine Gefühle zulässt, entgegengebracht wurden. Diese knapp vierzig Männer und sehr wenigen Frauen, die vor ihm saßen, waren seinetwegen nach Bochum gekommen, um drei Tage lang über den ‚Sozialismus in Europa – Bilanz und Perspektiven' zu reden. Es war ein (vorgezogenes) Geburtstagsgeschenk für Willy Brandt. (...) Und Brandt spürte, dass es ein seltenes Ereignis war. Doch der großen Worte der Politik müde und überdrüssig, dankte er leise dafür, wenn mein Name noch ein wenig mit Sozialismus und Demokratie und der Zukunft in Europa in Verbindung gebracht wird.[4]

Inzwischen bin ich fast sechs Jahrzehnte meines Lebens in der einen oder anderen Weise immer wieder Willy Brandt begegnet und habe mich bemüht, ihn kennen zu lernen, zuletzt länger als ein Jahrzehnt als Mitherausgeberin der Berliner Ausgabe.[5] Vermutlich wird es deshalb niemanden verwundern, dass ich Motivation genug aufbringen kann, nun auch mein Bild von Willy Brandt zu beschreiben.

Göttingen, im Juni 2008
Helga Grebing

1.
Willy Brandt-Bilder

Bilder von Willy Brandt gibt es vielleicht bereits mehr als genug, darunter einige, die sich, umfassenden Anspruch ausdrückend, Biografien nennen. Die zuletzt von Peter Merseburger erschienene trägt den neugierig machenden Untertitel „Visionär und Realist".[1] Das könnte man so verstehen, als ob sich recht Widersprüchliches in der Person Willy Brandts vereint. In diesem und auch in anderen Fällen – da ist denn auch schon mal die Rede vom „pragmatischen Idealisten" – stellt sich anscheinend manch Widersprüchliches aus dem Leben und Leiden des jungen und des alten Brandt jedoch nur als Widerspruch in der Wahrnehmung des Interpreten heraus. Dies ist nichts Außergewöhnliches: Wer Biografisches schreibt, teilt unvermeidbar so manches über sich selbst mit. Die Subjektivität oder freundlicher: die Individualität des Interpreten ist und bleibt Bestandteil der Interpretation – das ist ein altes Lied der Historiografie und gilt für die historischen Darstellungen überhaupt. Die Kunst des Interpreten zeigt sich darin, wie viel Spielraum für Deutungsmöglichkeiten er seinen Lesern lässt. Bei Merseburger ist dieser durch seine Methode des kontrafaktischen Fragens und Denkens gegen die erkennbare Realität sehr groß.

Die Deutung des Menschen Willy Brandt bewegt sich schon seit einiger Zeit, vielleicht von Anfang an, auf sich verfestigende Stereotype zu, und die Charakterisierungen des Menschen und seines Handelns wiederholen sich im Rahmen dieser Verfestigung. Da ist die angebliche Ersatzvatersuche des Vaterlosen; da bekommen wir es mit einem einsamen Mann ohne Freunde zu tun, mit einem empfindlichen Gefühlsmenschen, der verwoben ist mit der sprichwörtlich zu nehmenden ‚nordisch-düsteren' Welt. Und wenn er dann einmal heiter war, Anekdoten erzählte oder gar Witze riss, tat er es, um sich die Menschen vom Leibe zu halten, wenn sie ihm zu nahe zu kommen schienen. Da ist er dann auf einmal alles in einem: Realist, Optimist, Visionär, ein von Depressionen Heimgesuchter, voller Selbstzweifel und Anfechtungen.

1. Abschiedsrede von Willy Brandt auf dem SPD-Sonderparteitag in Bonn am 14. 06. 1987

Solche keineswegs wissenschaftlich gesicherten Psychologisierungen zeigen nur die Hilflosigkeit der Interpreten und ihren Hang, vage Plausibles unter der Hand in feste Stereotype umzumodeln. Bleiben wir beim ‚Visionär': War er denn, bleibt man beim Wortsinn, überhaupt ein ‚Vorausseher' oder ein ‚Herbeisehner', wobei beides nicht einmal unbedingt nur in einer mystischen Form gemeint sein müsste, sondern durchaus rational verstanden werden könnte. Schon Peter Glotz hat lakonisch darauf aufmerksam gemacht: „Das Etikett passt nicht."[2] Er sah in Brandt eher den „alten Fuhrmann", „der vor jeder Fahrt vorsichtig und skeptisch die Witterungsverhältnisse des politischen Horizonts prüfte". Damit ersetzte Glotz jedoch das Stereotyp durch die Metapher. Vielleicht ließe sich ja das Gemeinte auch ohne ‚Gehhilfen' ausdrücken: Brandt hatte ein außergewöhnliches Gespür für Zeitströmungen und Abläufe gesellschaftlicher Prozesse; er war jemand, der weit tragende, langfristig angedachte, rational kontrollierte Vorstellungen zu entwickeln vermochte. Vielleicht trug die charismatisch unterlegte Art, wie er dies vermittelte: vorsichtig, schwebend, ambivalent, vielschichtig, offen lassend und gekonnt undeutlich und oft auch im Tenor eines kräftigen ‚Jains' notorisch unbestimmt, dazu bei, ihn als Visionär entweder zu feiern oder auch zu kritisieren, weil man in seinem Verhalten den Ausdruck schwächelnder Unbestimmtheit erkennen zu können glaubte.

Vereinfachende Kennzeichnungen Willy Brandts gibt es mehr als genug: Der Mann und Politiker war konfliktscheu, ging harten Konfrontationen zeitlebens aus dem Wege, nur wenn er mit dem Rücken zur Wand stand, konnte er wie kein anderer kämpfen – dieser Mensch mit seinem Selbstmitleid und der fehlenden Härte im Nehmen. Aufzählungen dieser Art ließen sich wahrscheinlich beinahe endlos weiterführen. Die Methode, den Menschen Willy Brandt zu erfassen, indem man ihn weitgehend isoliert von seiner Zeit, deren Umstände und dem jeweiligen Umfeld, kann nur zu einer Verzerrung des Blickwinkels führen.

Wer nimmt denn eigentlich wahr und kann sich noch vorstellen, wie viel Mut, gemeint als Gegenteil von Konfliktscheu, es brauchte, um 1936 zwei Monate als Illegaler in Nazi-Deutschland zu leben? Es hätte ein Todeskommando sein können! Wer weiß denn, wie viel Kraft und Selbstbeherrschung nötig waren, Konfliktsituationen durchzustehen am Rande nicht unmöglicher dritter Weltkriege wie am 17. Juni 1953 oder am 13. August 1961? Da zeigte er Mut, Menschenkenntnis und Stehvermögen. Schwermütig, melancholisch, ja, das war er wohl, aber depressiv im ernsten Sinne des Wortes? Wer weiß denn, ob seine Fähigkeit, bis an die Grenze der eigenen Existenz zu gehen, ihm nicht die Kraft gab, dieses Leben gerade dennoch zu leben? Statt verbreiteter Vulgärpsychologie zu folgen, sollte man einen Vorschlag von Einhart Lorenz aufnehmen und von der Mehrschichtigkeit des Denkens und Empfindens von Willy Brandt sprechen, von dem Nebeneinander verschiedener Stufen in der jeweiligen Entwicklung.[3] Und als Biograf sollte man darauf verzichten, irgendeinen ‚eigentlichen Brandt' zu kennen.

Wer stereotype Festlegungen aufbrechen will, muss sich seinerseits davor hüten, neue Stereotype zu fabrizieren. Deshalb empfiehlt es sich, das Frageraster zu ‚Wer war Willy Brandt?' zu erweitern. Gerade deshalb haben die Erinnerungen der Zeit- und Weggenossen Willy Brandts ihren nicht zu vernachlässigenden Wert.[4] Erfreulicherweise zeigt sich, dass diese sich zwar ‚ihren' Brandt zu erklären versuchen, aber nicht etwa den jeweils ‚eigentlichen' beschreiben wollen. Hymnische Überhöhungen sind selten, häufiger das Abdriften in anekdotische Erzählungen und bildhaft wirkende Illustrationen, die dann die Biografen x-fach, das aufmerksame Publikum langweilend, wiederholen werden. Wunschdenken, d. h. Brandt sich so zeichnen, wie man sich ihn für sich selbst gewünscht hätte, kommt öfter vor, weniger indessen die komplexe und zugleich präzise Wiedergabe des Interagierens, an dem man selbst beteiligt gewesen ist oder sich sogar im Mittelpunkt des Geschehens stehend sieht. Kritik, wo sie den Weggefährten und Mitarbeitern unvermeidlich erscheint, wird in moderater Weise geübt; Distanz, auch grundsätzlicher Art, wird in zivilen Formen zum Ausdruck gebracht.

Mehr als kontrollierte Subjektivität von Zeitzeugen zu erwarten, wäre fast zuviel verlangt. Nähe trübt den Blick und Distanz seine Schärfe. Wie immer Zeit- und Weggenossen es sagen, ‚richtig' kann es a priori nicht sein, bestenfalls plausibel und in der Tendenz übereinstimmend mit anderen Überlieferungen. Aber deshalb ist es unverzichtbar für die Korrektur der biografisch Ambitionierten, die ja erst einmal ebenfalls a priori Unwissende sein müssen, ja sein sollten.

Und wie steht es mit dem Stoff, den Willy Brandt über sich selbst zur Verfügung stellt? Gemeint sind seine Erinnerungsbände, von denen einer – „Links und frei" – zu einem Kultbuch geworden ist, jedenfalls für die, die durch die Generationen hindurch links und frei sein wollen.[5] Immer wieder trifft man auf die Vorstellung, Brandt als Autobiograf habe ‚nichts dem Zufall' bei der Inszenierung seines Lebens überlassen. Und die Neigung, die mit dem Beginn seiner politischen Tätigkeit im Exil zu beobachten ist, jedes Stück Papier, das ihn betraf, aufzuheben und später sogar Anweisungen zu geben, in welchem Kontext es aufzubewahren sei, sollen die Intensität dieses Bemühens eines Menschen zeigen, der um seine historische Bedeutung zu wissen schien. Als ob dies etwas Besonderes ist. Es passt nur zu gut in das stereotypisierte Bild von Willy Brandt. Erinnerungen – das sind unvermeidlich Realitätsverknappungen; sie enthalten Selbstbewertungen, Selbstrechtfertigungen und sind Teile von Selbstdarstellungen – und das alles meist nicht zu knapp. Nicht anders ist es auch bei Willy Brandt.

Dennoch ist die durch autobiografische Texte vermittelte Nähe zum Geschehen, Denken und Handeln und der relativ hohe Grad an Authentizität für biografische Arbeit unverzichtbar. Denn Erinnerungen sind das Konfrontations- und manchmal auch Korrekturmaterial für die Überlieferung durch Akten, Briefe, Memoranden, Redetexte und vieles mehr in dieser Richtung. Man kann es auch konkreter ausdrücken: Willy Brandt hatte für geschichtliche Abläufe nicht nur ein für einen aktiven Politiker ungewöhnliches Interesse, er verstand nicht nur das Handwerk des seine Zeit begleitenden Journalisten meisterhaft, er vermochte auch, seinen Blick auf Gegenwart und Zukunft durch den reflektierenden Rückhalt in der Geschichte zu schärfen. Er wusste wie nicht mehr viele in seiner Partei, dass Erneuerung ohne Erinnerung bedeutete, einen Weg ohne Kompass zu gehen.

Das alles galt auch für sein persönliches Leben. Er wollte, wie er einmal hervorhob, „wahrhaftig", aber „ohne Indiskretionen auszubreiten" berichten. Vergleicht man seine verschiedenen Bücher, wird man eine gute Richtschnur dafür bekommen, wie Brandt seine Erinnerungen, Einsichten, Begegnungen und Bilanzierungen im Einzelnen gewichtet; man lernt auch, welche Dokumente er zum richtigen, d. h. ihm gemäßen Verständnis seines Bemühens bevorzugte. Alters- und Alltagsweisheiten, denen man des Öfteren begegnet, kann man unter ‚köstlich', ‚trivial' und natürlich auch ‚bedenkenswert' ablegen. Unverzichtbar ist das Selbstverfasste im Falle Willy Brandts um so mehr, als sehr oft das von ihm Geschriebene so klingt, als höre man ihn sprechen. Und wer ihn je hörte, den lässt dieser einmalige Sound einfach nicht mehr los.

Inzwischen hat es der- oder diejenige, die sich Willy Brandt, um ihn kennen zu lernen, nähert, mit einem ungewohnten, wenn auch nicht unbedingt ungewöhnlichen Genre zu tun: mit der Nachbetrachtung persönlich Nahestehender: Rut Brandt, Lars Brandt, Matthias Brandt, Brigitte Seebacher(-Brandt).[6] Der erste Eindruck mag sein, dass die Genannten gewollt oder ungewollt viel über sich selbst zu sagen haben. Aber wie viel vermögen sie über Willy Brandt zu sagen – das ist die Frage, die beantwortet werden muss.

Rut Brandt wurde für Ungezählte während ihrer Berliner Zeit und für viele auch noch in Bonn selbst zu einer Ikone, während sie doch eine liebenswerte und zugleich kluge Frau blieb, die Maß und Ziel dessen, was sie zu tun hatte, abzuschätzen wusste, und eine liebevoll sorgende Mutter ihrer Söhne dazu. Teilnehmend vermag man den Anfängen einer großen gegenseitigen Zuneigung folgen und auf die Frage, wer an wen sein Herz verlor, eine Antwort finden. Ihr Leben mit dem Politiker Willy Brandt hat sie zugleich empathisch und zurückhaltend geschildert, so wie er es sich selbst versprochen hatte: wahrhaftig und ohne Indiskretionen, aber mit vielen tief greifenden Beobachtungen (Erfahrungen?) wie z. B. der, dass er die Massen umarmen konnte, bei einzelnen Menschen aber damit Schwierigkeiten hatte. In diesen Zusammenhang mag dann auch die Bemerkung von Matthias Brandt passen, dass die Ehe seiner Eltern schon seit den 1950er Jahren eher ein Arrangement gewesen sei, „von dem aber beide profitiert haben".

Lars Brandt macht es einem schon schwerer. Obwohl als literarisches Selbstgespräch gedacht, das stellenweise etwas ambitioniert wirkt, ist der schmale Band überwiegend politisch-biografisch interpretiert worden. Lars Brandt hat aber kein Buch über seinen Vater geschrieben, sondern sich selbst sein Verhältnis zu ihm zwischen Nähe und Distanz erklären wollen. Die Mutter und die beiden Brüder Peter und Matthias werden fast ausgeblendet; es gibt nur den Vater und ihn, den einen Sohn. Was dieser Sohn sich über seinen Vater denkt, für ihn empfindet und glaubt, was dieser über ihn dachte und empfand, ist und bleibt sehr persönlich und kann auch nichts anderes sein. Es ist in vielem nicht kongruent mit soliden Ergebnissen der Brandt-Biografik und kann es auch nicht sein. Es geht ja Lars Brandt nicht um die Persönlichkeitsstruktur Willy Brandts im Brennspiegel des Zeitgeschehens, sondern um den Vater. Und der wird unvermeidlich so gesehen, wie er ihn erlebt hat. Wie ihn andere nicht sehen, sehen können, vielleicht noch nicht einmal die Brüder oder die jedoch wieder anders. Man entdeckt viele Ähnlichkeiten zwischen diesem Vater und diesem Sohn, die ja nie ganz ‚drahtlos' miteinander umgegangen sind.

So weit, so gut, so nachvollziehbar, aber was machte die Berichterstattung über dieses Buch: sortierte alles ein in die bekannten und nur halbwahren, üblich gewordenen Pseudopsychologisierungen bzw. man sah deren Vorgaben authentisch bestätigt. Das passierte auch dem Film- und Fernsehmacher Oliver Storz und seinem Berater Herman Schreiber mit ihrem Film über den Sturz Willy Brandts. Auch hier vorgestanzte Einweg-Deutungen, statt die vielleicht gegebene Möglichkeit zu nutzen, die enorme Vielschichtigkeit der Persönlichkeit von Willy Brandt bildhaft komplex werden zu lassen. Willy Brandt wurde in dem Film weder verklärt noch verunstaltet, aber über einen Leisten geschlagen, der seinem Niveau nicht entspricht. Dabei besaß der Film vor allem dank der Leistungen der Schauspieler einen beachtenswerten Hauch nachzuempfindender Nähe, so wie es einem Kunstwerk gut ansteht.

Einer dieser Schauspieler war der jüngste, 1961 geborene Sohn von Rut und Willy Brandt Matthias, der die Rolle des Günter Guillaume übernahm. Da vermutete man gleich wieder eine subtile Art von Vatermord – der Sohn des Verratenen spielt den Verräter! So war es aber nicht. Von Matthias Brandt weiß man, dass sein Vater ihn „befangen gemacht" hat, „manchmal auch wehrlos", nicht jedoch „aggressiv", wenngleich er sich auch wohler zu fühlen schien, wenn der Vater abwesend war. Sein Vater war für ihn so, wie er war: „Es gibt eigentlich nichts, das ich ihm nicht verzeihen könnte."

Es gibt immer wieder Bemühungen, Willy Brandt doch noch auf einen treffenden Nenner zu bringen und sich nicht nur mit Beschreibungen von dessen Vielfältigkeit zu begnügen. Bei Brigitte Seebacher finden sich sogar Doppelkennzeichnungen: „der Mystiker und Melancholiker ..., der Charismatiker und Künder eines Ziels ...", also kein Aufklärer, kein Analytiker, wie es Charismatiker auch nicht sein können, vielmehr ein „libertärer Gefühlsmensch" mit anarchischen Zügen, z. B. einer, der Parteiprogramme nicht mochte ... Dennoch ist das Buch nicht so einfach aus der Hand zu legen. Denn andererseits werden verschiedene Stereotype außer Kraft gesetzt, vor allem „das Gerede von der Psychokrise und der Dauerdepression". Dass die Autorin ein bestimmtes politisches Bild, das des immer schon nationalrevolutionären Brandt, durch ihr ganzes Buch hindurch als zentrales

Anliegen verfolgt und damit ‚ihren', den alten Brandt, als den ‚eigentlichen' der Nachwelt vorzustellen sich bemüht, wird an anderer Stelle zu diskutieren sein. Dass es ihr gelingt, dem Leser, so dieser es will, eine empathische Nähe zu Willy Brandt zu vermitteln, und dies nicht nur durch ihre sprachliche Kompetenz, sollte man nicht nur nicht übersehen, sondern ausdrücklich anerkennen. Und ihre Darstellung des letzten Lebensjahres von Willy Brandt versöhnt mit Vielem.

Es gibt inzwischen einige, überwiegend von jüngeren Historikern verfasste Monografien über Teilaspekte des Denkens und Handelns von Willy Brandt.[7] Sie bestätigen materialgesättigt die Bedeutung bestimmter politischer Handlungsfelder, die gleichzeitig Schlüssel für den Zugang zur Persönlichkeit Willy Brandts sind. Sie eröffnen aber auch deutungsoffenes Neuland und tragen zu dem fruchtbaren Streit bei, der zu der Einsicht führt, dass nicht eine, zwei oder drei, sondern noch viele Biografien über Willy Brandt geschrieben werden müssen.

Doch bergen gerade Monografien eine Gefahr in sich, die nicht unterschätzt werden darf: Sie können die ganze Person Brandts scheinbar legitim in Teilmengen zerlegen – der Außenpolitiker, der Innenpolitiker, der Parteivorsitzende usw. – und die Möglichkeit und Notwendigkeit der vielschichtigen Strukturierung der Persönlichkeit in den Hintergrund verdrängen. Das ist eben der schwierigste Teil der biografischen Arbeit: das gleichzeitige Da-Sein der vielen Leben des Willy Brandt miteinander zu verbinden und aufeinander zu beziehen. Manchmal fehlt dazu auch die Unterscheidungsfähigkeit, oder es mangelt an der Bereitschaft zum Hineindenken in die Komplexität von Zeitsituationen. Diese erfordern von handelnden Politikern oft ein mehrschichtiges Verhalten, das vordergründig als Opportunismus erscheinen mag, tatsächlich aber realpolitisches Augenmaß verrät. Brandt war eben alles andere als ein Träumer und ein Spinner schon gar nicht: Ihn kennzeichnete vielmehr ein großes Maß an Wirklichkeitssinn, und er hatte Mut, was in diesem Fall nicht nur die persönliche Haltung meint, sondern auch den Mut zu perspektivischem Denken gegen den Mainstream. Monografien erklären aber, wenn sie gut sind, dass es für die Erforschung der Persönlichkeit wie des Denkens und Handelns von Willy Brandt noch viele weiße Flecke gibt, besonders für die Jahre seiner ‚Vierten Karriere' nach 1974.[8] Dies entspricht dem Stand der allgemeinen zeitgeschichtlichen Forschung, die gerade den Anfang der 1970er Jahre erreicht hat.

Dies motiviert zum Blick auf ein Genre eigener Art, der kommentierten Quellenedition, wie sie von der Bundeskanzler-Willy-Brandt-Stiftung unter dem Obertitel „Willy Brandt Berliner Ausgabe" seit dem Jahre 2000 vorgelegt wird; die Edition beruht auf den Beständen des Willy-Brandt-Archivs[9] und ergänzenden Parallelüberlieferungen je nach den jeweiligen Themenfeldern. Editoren teilen die Probleme der Sisyphos-Arbeit der Historiografie im Allgemeinen: Nie, niemals kann ein Thema erschöpfend behandelt werden; es gibt keine totale historische Rekonstruktion. Immer wieder müssen Historiker sich die Herausforderung gefallen lassen, dass vieles, wenn nicht manchmal sogar alles, was man bisher gewusst zu haben glaubte, neu oder doch anders durchdacht werden muss. Jedoch eröffnet die Durchforschung eines so umfassenden Nachlasses, wie es der von Willy Brandt ist, ständig neue Perspektiven, bringt neue überraschende Anregungen für eine Interpretation und bietet Instrumente dafür an, altes Gepflegtes zu korrigieren oder zu vergessen. Vor allem erschließt sie neue Themenfelder, vertieft Einsichten in die Persönlichkeit Willy Brandts und korrigiert Fehldeutungen.

Dazu an dieser Stelle einige Hinweise, die alle in der ‚Berliner Ausgabe' in den einführenden Textteilen wie im Dokumententeil behandelt und in den folgenden Kapiteln dieses Buches noch ausführlich erörtert werden:

→ Willy Brandts kollegialer Führungsstil als Bundeskanzler und die Merkmale der politischen Kultur der Bonner Republik waren und blieben weitgehend inkompatibel. Immerhin macht der politische Aufstieg Willy Brandts, mit wie viel Hindernissen auch immer belastet, deutlich, dass die Bonner Republik entgegen zeitgenössischer Selbst- und Fremdeinschätzung zu beträchtlichen Teilen auch eine sozialdemokratische Republik geworden war.

→ Brandts Zielprojektion war die Schaffung eines ‚anderen Deutschlands'; er wollte die Weichen dafür stellen, dass sich die Bundesrepublik des obrigkeitsstaatlichen Ballasts der Vergangenheit entledigt und sich gleichzeitig zu einem aufgeklärten Bürgerstaat entwickelt.

→ Brandt war in seiner Person gleichzeitig und weitgehend bruchlos ein deutscher demokratischer Patriot, ein Europäer und ein Weltbürger. Es ging ihm nicht um *den* deutschen Nationalstaat, sondern um die Selbstbestimmung des deutschen Volkes in Freiheit, und das kann man schon in seinen Exilschriften lesen.

→ Brandt kann mit Fug und Recht als ein Vordenker aller Aspekte der Globalisierung gelten. Er nannte den Nord-Süd-Konflikt „*die* soziale Frage des ausgehenden 20. Jahrhunderts" und formulierte als Zielvorgabe den Aufbau einer internationalen Zivilgesellschaft. Auch auf diesem Politikfeld reichen seine Überlegungen bis in das Jahr 1945 zurück, als er zum ersten Mal den Begriff der „universalen Demokratisierung" verwandte.

→ Brandt war im Maße der zu seiner Zeit vorhandenen Möglichkeiten, im Kontrast zu seinen Vorgängern, der erste deutsche Medienkanzler. Er beherrschte alle Formen der Annäherung an die ‚Massen'; seine charismatischen Züge ließen ihn zum großen ‚Menschenfischer' auf publikumsgefüllten Veranstaltungen wachsen.

→ Auch seiner Partei hat Brandt die Impulse gegeben, sich von den letzten Resten ihres nicht mehr realitätsadäquaten Traditionalismus zu lösen. Demokratischer Sozialismus und konsequent verwirklichte Demokratie sollten als dasselbe betrachtet werden. Und seine Partei sollte mehr sein als eine Institution mit Machteroberungsinteressen und -absichten, vielmehr eine Volkspartei, die neue soziale Bündnisse zu schmieden in der Lage war.

→ Parteivorsitzender zu sein war, so manches spricht dafür, Brandts liebste Obsession. Gerade als Parteiführer ist er oft unterschätzt worden, weil er Entscheidungen durch Überzeugungskraft und im Diskussionsprozess herbeiführen wollte. Ein solcher Führungsstil war in seiner Partei höchst gewöhnungsbedürftig.

Es bestätigt sich damit quellengesättigt, was bisher nur angenommen werden konnte:

> *Immer wieder wird offenkundig, dass es bei Willy Brandt beides gibt: Bemerkenswerte Konstanten seines Denkens und Handelns und zugleich ein hohes Maß an Flexibilität gegenüber konkreten, zeitbedingten Anforderungen sowie die Fähigkeit zur Korrektur der eigenen Politik angesichts neuer Herausforderungen.*[10]

2.
Ein „norddeutscher Arbeiterjunge" auf dem Weg nach oben – die Grundlagen

Woher nimmt die Autorin, so muss sie sich fragen lassen, ja fragt sie sich selbst, nach all diesen kritisch geäußerten Bedenken gegenüber gängigen Brandt-Bildern und Biografien eigentlich noch den Mut her, ein weiteres, und sei es nur ein etwas anderes Bild von Willy Brandt zu entwerfen? Die Antwort lautet: Es wird nur ein Bild sein können und auch keine Biografie, schon ganz und gar nicht ‚die' Biografie. Die Autorin nimmt auch nicht in Anspruch, neue Quellen zu erschließen und damit etwa faktisch bislang Unbekanntes zu präsentieren. Ihre Aussagen stützen sich auf die vorliegende Forschung und verfügbare Quellensammlungen, und hier insbesondere auf die ‚Berliner Ausgabe'. Hier und da ermöglichte allerdings das Willy-Brandt-Archiv den Fund von ungenutzt gebliebenen Materialien zur Stützung der gewählten Interpretationslinien. Hauptsächlich ging es jedoch um eine etwas andere Deutung von bereits bekannten Zusammenhängen und den ihnen zugrunde liegenden Quellen.

Am 18. Dezember 1913, August Bebel, der legendäre Führer und heimliche Kaiser der deutschen sozialdemokratischen Arbeiterbewegung, war gerade vier Monate tot, wurde der „norddeutsche Arbeiterjunge" Herbert Ernst Karl Frahm in Lübeck „in die sozialistische Arbeiterbewegung hineingeboren".[1] Als dieser Arbeiterjunge am 18. Dezember 1938 25 Jahre alt wurde, hatte er bereits zehn Jahre bewusste aktive politische Tätigkeit hinter sich. Er lebte seit fünf Jahren in Oslo und nannte sich Willy Brandt; als Journalist beinahe finanziell unabhängig, hatte er eine Unmenge von Artikeln und sogar einige Bücher und Broschüren überwiegend in norwegischer Sprache veröffentlicht über die Lage in Deutschland und die Nazidiktatur, die nationalsozialistischen Kriegsvorbereitungen, den Spanischen Bürgerkrieg, die internationalen Aktivitäten der Sowjetunion und die schwindenden Aussichten, die Ziele der europäischen Arbeiterbewegung doch noch gegen Hitler durchzusetzen. Er war zwar

2. Willy Brandt in Lübeck (1931)

nicht mehr Sprecher der norwegischen SAP-Exilgruppe, aber in der SAP-Auslandsleitung ein einflussreicher Mitarbeiter, und er gehörte gleichzeitig zur norwegischen Arbeiterpartei, stand im Gedankenaustausch mit deren Führern und arbeitete in der Jugendbewegung der Partei führend mit. Er kannte inzwischen halb Europa, vor allem Paris, hatte 1936 zwei Monate illegal in Berlin gelebt und sich als Vertreter der SAP vier Monate während des Bürgerkriegs in Spanien, vor allem in Barcelona, aufgehalten. Er war, wenn auch noch nicht auf dem Wege zum Staatsmann, so doch schon ein europaweit bekannter und ein, wenn auch noch in Grenzen, gefragter Hoffnungsträger der sozialistischen Arbeiterbewegung. Wie schafft einer das unter den angedeuteten Umständen in so jungen Jahren?

In die sozialistische Arbeiterbewegung hineingeboren wurden damals viele, und manchen hat die soziale Herkunft den Weg zum politischen Mandat geöffnet, aber keiner hat daraus das gemacht, was Willy Brandt gelingen konnte. Um sich dies zu erklären, muss man wissen, dass Willy Brandt durch seinen (Stief-)Großvater Ludwig Frahm und seine Mutter Martha noch die Nachklänge der heroischen Zeit der Bebelschen Sozialdemokratie vermittelt bekam. Gewiss, das engere familiäre Umfeld machte seine Kindheit nicht ganz einfach – die Mutter war ledig, vom Vater keine Spur, der Großvater, der nicht der leibliche Vater seiner Mutter war, hatte als Landarbeiter und bereits Sozialdemokrat den Weg vom erzkonservativen Mecklenburger Land in die Freie Hansestadt Lübeck gefunden. Während der Großvater, nunmehr Lastwagenfahrer, und die Mutter, Verkäuferin im sozialdemokratischen Konsum, ihre zehn und später acht Stunden arbeiteten, wurde der Junge bei ‚Tanten' aufgehoben.

Aber auch das war kein außergewöhnliches und schon gar nicht besonders schlimmes Kinderschicksal im damaligen Arbeitermilieu. Die ‚Bewegung', wie man damals das weit verzweigte sozialdemokratische Milieu nannte, war die eigentliche Familie, kompensierte weitgehend die Unzulänglichkeiten der proletarischen Existenz. Natürlich unterschied man sich ‚von anderen', von der Bourgeoisie, vom Klassenfeind; aber dieser manchmal schmerzhafte Unterschied war dann auch zugleich die Herausforderung, nicht so werden zu wollen wie diese anderen, sondern etwas ganz anderes, etwas Eigenständiges. Willy Brandt absolvierte die übliche rote Strecke: Kindergruppe des Arbeiterturn- und Sportvereins, Arbeiter-Mandolinenclub, die ‚Kinderfreunde', dann mit 14 Jahren die ‚Roten Falken'. Und in dieser ‚Bewegung' lebte auch die Mutter, die Hochdeutsch sprach, ein Abonnement der ‚Volksbühne' hielt, sich am ‚proletarischen Sprechchor' beteiligte und zu den ‚Naturfreunden' gehörte, in deren Haus auf dem Priwall an der Ostsee bei Travemünde ihr Sohn mehrmals seine Sommerferien verbrachte. Alles war schön und gut sozialistisch. Dazu gehörte, dass ein kleinbürgerliches ‚Geschmäckle' gar nicht störte, so wenn die Mutter den Sohn, ganz unproletarisch in Matrosenanzügen (im Sommer weiß, im Winter blau) gekleidet, ‚fein' machte und abfotografieren ließ. Wie auch immer: nicht viel später hat der Sohn sich nach Art der ‚Roten Falken' gekleidet: blaues Hemd und roter Schlips.

1920 wurde der Arbeiterjunge eingeschult: nach sieben Jahren Volksschule erfolgte unter Erlass des Schulgeldes wegen ausgezeichneter Leistungen der Übergang in die Realschule, nach einem Jahr dann der Wechsel zum Reformrealgymnasium Johanneum wieder ohne Schulgeldzahlung bzw. wie es damals hieß: auf einer Freistelle. Das war unter Gleichaltrigen aus der gleichen sozialen Schicht in den 1920er Jahren noch sehr selten, aber auch nicht mehr ganz ungewöhnlich. Einen Zwang zur doppelten Loyalität – verwurzelt in der ‚Bewegung' und gleichzeitig im kulturellen bürgerlichen Revier ‚wildernd' – empfand Willy Brandt offensichtlich nicht. Im Gymnasium fand er zwar so gut wie keine engen Freunde, aber Lehrer und Mitschülern begegneten dem ‚Politiker', wie sie ihn nannten, mit Respekt. Die Klassenlinie überschritt er nicht, wie auch, warum auch, verwurzelt war er ja bei ‚seinen' anderen, vor denen er sich nicht rechtfertigen musste, sich auch unter den ‚anderen' zu bewegen. Seit Herbst 1929 gehörte er zur Sozialistischen Arbeiterjugend (SAJ), in der die 14–18jährigen bereits ernsthaft politisch zu arbeiten begannen. Er wurde Vorsitzender einer der lokalen Gruppen der SAJ, und die hieß ‚Karl Marx'. Bereits seit 1928 veröffentlichte er kleinere Artikel im Lübecker Volksboten; Julius Leber, der Chefredakteur, war auf ihn aufmerksam geworden und hat dann auch dafür gesorgt, dass das viel versprechende Nachwuchstalent bereits im Sommer 1930, also mit noch 16 Jahren (statt der üblichen 18) in die SPD aufgenommen wurde.

Hemmungen, mich auf Parteiversammlungen mit eigenwilligen Beiträgen zu Wort zu melden, hatte ich kaum mehr. Meine Kühnheit konnte bei braven älteren Genossen nicht nur Zustimmung finden. Ich erinnere mich an Zurufe: Wo ich denn im Krieg gewesen sei? Ich solle doch erst mal trocken hinter den Ohren werden. Ich erwiderte frech, alt werden könne jeder Esel; oder: Das Alter komme von selbst, nicht der Verstand. Im ganzen, glaube ich, war ich dennoch gut gelitten. Ich wurde 1931 für kurze Zeit noch stellvertretender Bezirksvorsitzender der SAJ, und zwar des Bezirks, zu dem Lübeck mit Mecklenburg gehörte. Aber das war schon kurz vor einer Weggabelung, die mich von der Partei wegführte.[2]

Ein gutes Jahr später gehörte das Nachwuchstalent nicht mehr der SPD an, sondern war Mitglied der Sozialistischen Arbeiterpartei (SAP) geworden – so hatten sich 1875 in Gotha die beiden sich zusammenschließenden Organisationen der deutschen Arbeiterbewegung, der von Ferdinand Lassalle gegründete Allgemeine Deutsche Arbeiterverein und die von Liebknecht und Bebel protegierte Sozialdemokratische Arbeiterpartei genannt. Die im Herbst 1931 entstandene SAP war eine linkssozialistische Splitterpartei, die sich aus Sozialdemokraten, Angehörigen der SAJ, aus der KPD ausgeschlossenen Kommunisten und einigen bislang parteifreien linken Intellektuellen zusammensetzte. Mit Willy Brandt war ein Teil der Lübecker SAJ zur SAP übergetreten. Die neue Partei war dezidiert marxistisch nach damaligem Verständnis, aber nicht dogmatisch orientiert, wollte angesichts der drohenden Gefahr einer nationalsozialistischen Machtübernahme, die Krieg bedeuten würde, den Brückenschlag zwischen den seit 1918 feindlichen Brüdern SPD und KPD zustande bringen – vergeblich, wie sich bald herausstellte.

War nun Willy Brandt ein Marxist geworden? Zunächst sei festgestellt, dass er ein Anti-Nazi gewesen ist – seit der ersten Minute seines reflektierten politischen Wirkens. Im März 1930, also noch vor der verheerenden Septemberwahl, bei der die NSDAP von 2,6% der 1928 abgegebenen Stimmen auf 18,3% anstieg, schrieb der 16-Jährige im Lübecker Volksboten:

Die Jugend wird immer vorne stehen im Kampfe um die Neugestaltung der Dinge. Besonders gilt das heute in unserer schweren Zeit für das Jungproletariat. Die Jungarbeiterschaft lässt sich aber nicht missbrauchen für romantischen Putschismus. Nicht das, sondern b e w u ß t e, s o z i a l i s t i s c h e F ü h r u n g kann uns helfen!

> *Das sagt denen, die sich heute noch für Hitlers „Drittes Reich" begeistern. Sagt ihnen immer wieder, dass die Arbeiterschaft zusammenhalten muß, um dem Kapitalismus stark gegenüberzustehen. Aber sagt ihnen auch, daß der Sieg des Proletariats nicht von ihnen allein abhängt. Sie erschweren vielleicht den Kampf, aber aufhalten können die Knechte der Bourgeoisie den Siegeszug der Arbeiterschaft nicht!*[3]

Weiter sei festgestellt, dass Willy Brandt, anders als der sieben Jahre ältere Herbert Wehner und viele andere politisch aufgeweckte junge Menschen damals, zu keinem Zeitpunkt seiner politischen Sozialisation auch nur die geringste Neigung zeigte, Kommunist zu werden. Aber war er nicht doch wenigstens ein Marxist, vielleicht sogar mit verinnerlichten Spuren Leninscher Orthodoxie, wie sie bei anderen SAP-Leuten durchaus zu finden waren? Diese Frage vorschnell mit ‚Nein' zu beantworten, wäre ebenso unangemessen, wie sie einfach mit einem ‚Ja' zu versehen. Willy Brandt wurde in den klassischen Formen und Inhalten des europäischen sozialdemokratischen Vorkriegssozialismus politisch sozialisiert, und die enthielten noch viel von Marxschem Denken, so wie es vornehmlich Karl Kautsky interpretiert hatte. Brandt kannte den Kanon der sozialistischen Schulweisheiten und war in der Lage, ihr Repertoire in seinen journalistischen Beiträgen zu aktivieren. Verbürgt ist die Lektüre von August Bebel und Rosa Luxemburg, die er in Großvaters Schrank fand. Die Klassiker Marx und Engels waren wohl nicht darunter; sie wurden ja meist auch vermittelt durch Bebels ‚Die Frau und der Sozialismus' oder nun in der Weimarer Republik durch populäre Schulungsbroschüren wie z. B. die ‚Jungsozialistische Schriftenreihe'. In diesem sehr allgemeinen Sinne enthielten Brandts frühe Äußerungen ‚Marxistisches', wie es in der SPD üblich war und gebraucht wurde. In diesem SPD-üblichen Sinne sind auch seine wiederholten Deutungen des Nationalsozialismus zu verstehen, vor allem dessen Verknüpfungen mit den Entwicklungstendenzen der kapitalistischen Wirtschaft.[4]

Wie in der gesamten sozialdemokratisch orientierten Jugend am Ende der Weimarer Republik stand auch bei dem Lübecker jungen Sozialisten nicht das buchstabengläubige Theoretisieren im Vordergrund, schon gar nicht das Nachbeten von dogmatisierten Leerformeln einer angeblich richtigen Theorie, der die Praxis zu folgen hatte. Vielmehr war ein auf effizientes Handeln gerichtetes, aufmüpfiges

Andersdenken gefragt, so wie es jener Slogan zum Ausdruck brachte, den auch Willy Brandt nach eigenem Zeugnis Anfang der 1930er Jahre so gerne deklamierte: „Republik, das ist nicht viel. Sozialismus ist das Ziel.“ Hierin drückte sich die Enttäuschung über die SPD aus, über deren Politik der Anpassung an die allgemeine Rechtsentwicklung der Republik, über den Mangel an kämpferischer Demokratie und über die immer weitere Entfernung von den Kerngedanken des Sozialismus: dem Kampf gegen Unrecht, Ausbeutung, Unterdrückung und Krieg. Das alles war moralisch und zugleich rational untermauert, und die Lektüre der ‚Weltbühne‘ sorgte zumindest bei Willy Brandt für das nötige argumentative Rüstzeug.

Vor diesem Hintergrund wird es verständlich, dass für Brandt der Schritt von der SPD zur SAP keinen Bruch mit der ‚Bewegung‘ bedeutete: er war als eine Herausforderung der alt gewordenen SPD gedacht. Wenn auch alles, was mit der Gründung der SAP erwartet wurde, vergeblich blieb, so wurde doch Brandt, wie er es selber sah, um eine Erfahrung reicher: er lernte, anders als es einer Massenpartei möglich gewesen wäre, sich als Einzelner zu behaupten, politische Positionen zu beziehen und zu vertreten.

Die eingangs gestellte Frage nach den Wurzeln der politischen Grundlagen des „norddeutschen Arbeiterjungen“ lässt sich nunmehr teilweise beantworten: ‚Ererbtes‘ und Erlebtes, das Hineingeborensein in die sozialistische Bewegung und die Brisanz des Zeitgeschehens am Ende der ersten deutschen Republik prägten in nahezu einmaliger Weise seine politische Individualität und legten Fähigkeiten frei, die nur ihm persönlich zu eigen waren, wie man es jenseits von hymnischen Mystifikationen oder frühjugendlichen Charisma-Vermutungen ausdrücken sollte.

Mitten in den ziemlich harten, teilweise auch öffentlich ausgetragenen Auseinandersetzungen des jungen Lübecker SAPlers mit den Repräsentanten seiner alten Partei, auch mit Julius Leber, machte er sein Abitur – das Reifezeugnis hätte besser ausfallen können, aber die Politik ging vor. An ein Studium war aus finanziellen Gründen nicht mehr zu denken seit dem Abschied von der SPD, von der er ein Stipendium hätte erwarten können. Das Volontariat als Schiffsmakler war nicht uninteressant, konnte aber wohl nur als Übergang gelten – doch wohin eigentlich? Der nun 19-jährige Herbert Frahm gehörte zu jenen jungen Menschen, die aufgrund ihrer politischen Identität in der am 30. Januar 1933 anbrechenden Nazi-Diktatur persönlich hoch gefährdet und beruflich chancenlos waren. Es ist deshalb ziemlich gleichgültig, darüber zu streiten, ob Herbert Frahm in der Nacht vom 2. auf den 3. April 1933 nun als politisch Gefährdeter ins Exil flüchtete oder ‚nur' emigrierte, also auswanderte, um den Nationalsozialismus von außen zu bekämpfen und womöglich nach Erfüllung seines Parteiauftrags, an Stelle des verhafteten Paul Frölich in Norwegen einen Stützpunkt für die SAP zu errichten, wieder nach Deutschland zur Untergrundarbeit zurückzukehren. Den norwegischen politischen Freunden als Willy Brandt avisiert, benutzte er seinen Geburtsnamen nur noch im Umgang mit den Behörden. Am 7. April traf er in Oslo ein – bereits am 11. April erschien im sozialdemokratischen Arbeiderbladet sein erster Artikel mit der Überschrift „Wie sieht es in Hitlerdeutschland aus?" Norwegen, Skandinavien überhaupt, war ja keine ganz fremde Welt für ihn, und seine Sprachgewandtheit ließ ihn auch bald seine Artikel in der Landessprache schreiben.

> *Herrschen wirklich Ruhe und Ordnung in Deutschland? Wenn man die Erklärungen der Regierung und die Erklärungen vieler anderer hört, muß man glauben, daß man diese Frage unbedingt mit „ja" beantworten kann. In Wirklichkeit herrschen jedoch Zustände, wie man sie bisher noch nicht in der Welt gesehen hat. Oder ist es vielleicht kein Terror, wenn viele Tausende, nein Zehntausende Arbeiterfunktionäre in den Gefängnissen und Konzentrationslagern sitzen? Ist es kein Terror, wenn missliebige Kommunisten „auf der Flucht" erschossen werden? Ist es kein Terror, wenn Arbeiter verschleppt, Gewerkschaftshäuser, Geschäfte, Buchhandlungen, Druckereien und Arbeiterwohnungen gestürmt und zum Großteil zerstört werden? Es ist die gewalttätige Zerstörung von Arbeiterorganisationen, die vor deren rechtlichen Verbot erfolgt, gar nicht zu reden von der völligen „legalen" Aufhebung der Versammlungs-, Presse- und Koalitionsfreiheit. Das sind Tatsachen. Diese Beispiele von Terror sind wahr, die Beteuerungen der Nazis erdichtet. […] Die Organisationen der deutschen Arbeiterklasse sind zusammengebrochen. Die beiden großen politischen Organisationen, SPD und KPD, haben es nicht verstanden, den Faschismus mit ihrer bisherigen Politik abzuwehren. Sie wurden nun durch diesen faschistischen Putsch zerstört. Das deutsche Proletariat hat mit all seiner organisatorischen Stärke immer eine entscheidende Schwäche gehabt, es hat sich zu sehr auf andere verlassen.*[5]

Willy Brandt war in Norwegen angekommen und stand nun dort ‚mit dem Gesicht nach Deutschland': bis Juni 1933 erschienen weitere Beiträge von ihm in Zeitungen, Zeitschriften, Broschüren: „Was hat die deutsche Jugend vom Faschismus zu erwarten?", „Der deutsche Faschismus – eine Jugendbewegung", „Warum versagte die kommunistische Partei in Deutschland?", „Warum hat Hitler in Deutschland gesiegt?", „Die Tragödie der deutschen Arbeiterbewegung". Und an den Leiter der Auslandszentrale der SAP in Paris, Jacob Walcher, schrieb er seinen ersten Bericht am 6. Juni 1933.[6]

Das Exil in Norwegen zwischen 1933 und 1940 hat Einhart Lorenz wiederholt überzeugend als die politischen und intellektuellen Lehrjahre von Willy Brandt bezeichnet,[7] und sie waren es sicher auch in menschlicher Hinsicht. In Oslo lebte er mit der gleichaltrigen Gertrud (Trudel) Meyer zusammen, die er bereits als 17-Jähriger in Lübeck bei der gemeinsamen politischen Arbeit kennen gelernt hatte und die ihm ins Exil gefolgt war; in Oslo fand er ältere Freunde wie Martin Tranmäl, den Chefredakteur des Zentralorgans der norwegischen Arbeiterpartei, dem Arbeiderbladet, und jüngere Gleichgesinnte wie Halvard Lange, der nach dem Zweiten Weltkrieg lange Jahre norwegischer Außenminister war. Zunehmend fand er Freunde in fast allen politischen Lagern, und diese Freundschaften, verknüpft mit nordländischer Lebensart, begannen alsbald den zunächst übermächtig erscheinenden persönlichen Einfluss von Jacob Walcher rasch zu begrenzen. Am Ende der Lehrjahre hatte sich Willy Brandt von einem radikalen Linkssozialisten zu einem „modernen sozialen Demokraten (und demokratischen Sozialisten, was ich nicht für einen Gegensatz halte)"[8] gewandelt; aber er hat noch in seinen Erinnerungen aus dem Jahre 1989 bestätigt, dass er „ohne den Umweg über den Linkssozialismus ... kaum der geworden (wäre), der ich bin".

Ein Schnellverfahren war dieser Wandlungsprozess nicht – er dauerte immerhin gute sechs Jahre. Ja, zunächst schien sich Brandt unter dem Eindruck der Ohnmacht gegenüber der gewaltsamen Liquidierung der deutschen Arbeiterbewegung durch die Nazi-Diktatur zu radikalisieren. Er vertrat die Position der SAP-Auslandsleitung, die auf eine neue, radikallinkssozialistische internationale Einheitsfront (also unter Einschluss der Kommunisten) zuzusteuern versuchte und spitzte diese Position sogar noch zu. Er arbeitete konspirativ mit scharf linken Gruppierungen der norwegischen Arbeiterbewegung gegen deren offiziellen Kurs zusammen. Sein Einfluss in der Exil-SAP wuchs sogar noch, obwohl ihn die heftigen und auch von persönlichen Fehden gekennzeichneten Auseinandersetzungen in der Partei, die oft in einem rüden Ton geführt wurden, zunehmend nervten und er immer weniger Sinn in den theoretischen Haarspaltereien über Prinzipienfragen sah und zur Erörterung von Fragen der „politischen Zweckmäßigkeit" riet.

Parallel dazu erfolgte die Annäherung Brandts an die norwegische Arbeiterbewegung. Diese war ursprünglich aus den liberaldemokratischen Traditionen der überwiegend bäuerlichen Bevölkerung hervorgegangen, hatte aber eine traditionell marxistische Richtung erhalten in dem Maße, in dem die Klassenkonfrontation sich verschärfte und in dieser Ausprägung bis Ende der 1920er, Anfang der 1930er Jahre erhalten blieb. Folglich verstand sich die norwegische Arbeiterpartei als eine revolutionäre sozialistische Partei, die erst nach und nach auf den Reformkurs ihrer schwedischen Schwesterpartei einschwenkte. Norwegen befand sich nun auf dem Weg zu einer offenen Gesellschaft, die ihren Staat längst demokratisiert hatte. So konnte sich die Arbeiterpartei der linkslastigen Elemente ihrer programmatischen Horizonte entledigen und den Weg zur Volkspartei betreten, die sich auch auf eine Regierungsbeteiligung einlassen konnte. Willy Brandt lernte also eine andere ‚Bewegung' kennen, die ihn zunehmend faszinierte und mit der er sich zu identifizieren begann. So wandelte er sich zu einem Sozialdemokraten skandinavischer Prägung; dieser Prozess war bei Kriegsausbruch weitgehend abgeschlossen: Brandt war ein Norweger deutscher Herkunft geworden.

1938 war ihm die deutsche Staatsbürgerschaft aberkannt worden, zwei Jahre später, nunmehr im schwedischen Exil, erhielt er die norwegische. In Schweden verstärkte sich noch einmal die ‚Sozialdemokratisierung' von Brandt; das Modell des ‚Schwedischen Volksheims' beeindruckte ihn nun als Vorbild für Deutschland nach Hitler. Nicht nur das: Jetzt begann er die zentrale Bedeutung des Freiheitsverständnisses für den Sozialismus zu verstehen, den demokratischen Rechtsstaat in seiner politischen Bedeutung einzuordnen und mitbürgerliche Solidarität als gesellschaftliche Kraft einzuschätzen; so verfestigte sich sein Verständnis von Sozialismus als umfassender Demokratie.

Eine weitere Entwicklungslinie zeichnete sich – wiederum parallel laufend – mit der grundsätzlichen Distanzierung vom Kommunismus ab. Vor seinem Aufenthalt in Spanien während des Bürgerkriegs hatte Brandt die Hoffnung noch nicht aufgegeben, wie die meisten SAP-

Exilanten ebenfalls nicht, dass eine Zusammenarbeit mit den Kommunisten im Interesse des gemeinsamen Kampfes gegen den Faschismus möglich sein könnte, und er hatte auch mit den weit weniger orthodoxen norwegischen Kommunisten Verbindung gesucht. Die Verfolgungen und Schauprozesse in der Sowjetunion seit 1936 nahm Brandt irritiert und kritisch zur Kenntnis, aber erst seine hautnahen Erlebnisse im Spanischen Bürgerkrieg mit der Übertragung der kommunistischen Vernichtungs- und Verfolgungstaktik auf die republikanische Linke ließen seine Kritik an der Sowjetunion grundsätzlicher werden.[9] Den ultimativen Schlussstein in der Auseinandersetzung mit dem Kommunismus setzte er dann nach dem Hitler-Stalin-Pakt von August 1939. Bereits kurz davor hatte Brandt in einer anonymen Broschüre über „Spaltung und Sammlung“ der Führung der Sowjetunion vorgeworfen, ihr Kampf gegen die europäische Arbeiterbewegung hätte großen Schaden verursacht, „ihre Methoden“ hätten die Arbeiterbewegung „untergraben“ und „ihre Organisationsprinzipien“ hätten sich „als verhängnisvoll erwiesen“.

> *Es ist wahr, dass auch die Sozialistische Arbeiterinternationale große Schwächen hat, Schwächen, die sich aus der internationalen Situation und der Stellung ergeben, die die Arbeiterbewegung in den einzelnen Ländern einnimmt. Eine Erneuerung der internationalen Arbeiterbewegung und eine umfassende Sammlung wird deshalb auch Hand in Hand mit einer Änderung der internationalen Machtverhältnisse gehen.*
>
> *Eine solche Sammlung und Erneuerung kann nur auf Grundlage der Erfahrungen geschehen, die die Arbeiterbewegung gemacht hat. Diese Erfahrungen lehren als einen wesentlichen Punkt, dass die Kominternpolitik überwunden werden muss. Ihre Perspektive hat sich nicht bestätigt. Ihr Kampf gegen die europäische Arbeiterbewegung hat großen Schaden verursacht. Ihre Taktik hat nicht zum Erfolg geführt. Ihre Methoden haben die Arbeiterbewegung untergraben und ihre Organisationsprinzipien haben sich als verhängnisvoll erwiesen. […]*
>
> *Die Komintern hat ein neues Abhängigkeitsverhältnis geschaffen. Die Arbeiterbewegung muss unabhängig sein, nur dann kann sie auch Bündnispolitik betreiben. Und vor allem muss sie zusammenstehen, nur dann kann sie das ganze Volk gewinnen und eine in Wahrheit nationale Politik betreiben, die zum Internationa-*

> *lismus der Arbeiterbewegung nicht im Gegensatz steht, sondern seine gesündeste Grundlage ist.*[10]

Nunmehr konfrontiert mit dem Hitler-Stalin-Pakt war die Sowjetunion für Brandt neben dem Hitler-Regime eine „reaktionäre Kraft erster Ordnung" geworden, gegen die man nun kämpfen müsse: man habe das reaktionäre Gewicht der Stalinpolitik unterschätzt und das revolutionäre Gewicht der russischen Revolution überschätzt. In einem Artikel im Arbeiterbladet vom 9. September 1939 über „Die Arbeiterbewegung und der deutsch-russische Pakt" zog er die Bilanz:

> *Wie man den Freundschaftsvertrag zwischen der Sowjetunion und Hitlerdeutschland auch einschätzt, so ist es auf jeden Fall schwierig, mit der Sowjetunion weiterhin als einen Teil der internationalen sozialistischen Arbeiterbewegung zu rechnen. Es sind die Russen, die sich aus der sozialistischen Bewegung abgemeldet haben. […] Die Klarheit über diesen Sachverhalt muss nicht eine objektive und nüchterne Einschätzung der Entwicklung und Struktur der neuen russischen Gesellschaft verhindern. Aber man muss sich dessen bewusst sein, dass diejenigen, die an der Spitze dieser Gesellschaft stehen, sich auf keinerlei Weise der Arbeiterbewegung in Europa verpflichtet fühlen.*
>
> *Die Kommunistische Internationale war während vieler Jahre ein Werkzeug erst für die Fraktionskämpfe in der russischen Bolschewistenpartei, später für die russische Außenpolitik. Die Taktik, die Menschen und Organisationsprinzipien, die sich aus diesem Abhängigkeitsverhältnis ergaben, waren auch über lange Zeit ein Krebsschaden für die Arbeiterbewegung. […]*

Brandt geht dann auf die Haltung der westeuropäischen Arbeiterparteien und dem Internationalen Gewerkschaftsbund ein und stellt fest, dass diese klar und entschieden den neuen Kurs der Russen ablehnten. Auch in den nordischen Ländern würden die Gegensätze zwischen „dem demokratischen Sozialismus auf der einen Seite und der Sowjetunion und deren Großmachtpolitik auf der anderen" so stark wie möglich betont werden. Am tragischsten aber sei die Lage für die illegalen kommunistischen Bewegungen in den faschistisch regierten Ländern. Brandt schließt dann:

> *Nach dem, was in den letzten 10 Tagen geschehen ist, ruht auf der sozialistischen Arbeiterbewegung Europas eine gewaltige Verantwortung. Sie ist in noch größerem Ausmaß als bisher auf sich selbst angewiesen, gleichzeitig haben ihre Aufgaben in diesem Europa des Wahnwitzes historische Dimensionen. Das ist im Manifest der Arbeiterpartei zum Ausdruck gekommen, in dem es heißt, dass „wir nur durch den Sozialismus zu einem gesammelten Europa kommen können, in dem die imperialistischen Gegensätze durch internationale Zusammenarbeit abgelöst sind".*[11]

In einer Broschüre über die Außenpolitik der Sowjetunion, veröffentlicht im Oktober 1939, legte er nach:

> *Die sozialistische Arbeiterbewegung hat es immer als eine wichtige Aufgabe angesehen zu versuchen, die Entwicklung in der Sowjetunion zu* verstehen. *Sie hat verstanden, dass die neue russische Gesellschaft unter besonders schweren Bedingungen entstanden ist. Die Rückständigkeit des Landes und des Volkes, viele Jahre Krieg und Bürgerkrieg und die Isolierung des Landes haben den Boden für eine Diktatur geschaffen, die zunächst die einer Partei war und dann die Diktatur der führenden Gruppe wurde. Unter diesen Verhältnissen kam es auch zu sozialen Veränderungen. Die sozialistische Grundlage der Wirtschaft hat es nicht zu verhindern vermocht, dass es zu einer neuen sozialen Schichtenbildung in der Gesellschaft gekommen ist. […]*
>
> *Nichtsdestotrotz hat sich die sozialistische Arbeiterbewegung mit der russischen Arbeiter- und Bauernerhebung und dem trotz aller Probleme imponierenden Aufbau der neuen Gesellschaft solidarisch gefühlt und wird dies auch in Zukunft tun. Die Arbeiterbewegung fühlt weiterhin die gleiche Solidarität mit den Werktätigen der Sowjetunion. Aber sie kann sich nicht mit der Entartung solidarisieren, zu der es in der Sowjetunion gekommen ist.*
>
> *Die Gegner des Sozialismus haben in allen Ländern Wind in die Segel bekommen. Die Reaktion versucht, die Politik der Sowjetunion dazu auszunutzen, die gesamte Arbeiterbewegung zu kompromittieren. Sie triumphiert darüber, dass der „Sozialismus bankrott" ist.*
>
> *Aber das, was in der Sowjetunion geschah, ist gewiss kein Beweis, dass sich der Sozialismus nicht durchführen lässt. Die Erfahrung zeigt jedoch, dass Sozialismus mehr ist als die Übernahme der Pro-*

3. Willy Brandt als Korrespondent in Spanien (1937)

duktionsmittel durch den Staat. Der Sozialismus muss auf Freiheit und Demokratie aufbauen, will er eine Politik führen können, die ihn wirklich berechtigt, diesen Namen zu führen.

Die Arbeiterbewegung kann nicht akzeptieren, dass alles, von dem behauptet wird, es diene der Sowjetunion, auch den Werktätigen in anderen Ländern dient. [...]

Die sozialistische Arbeiterbewegung muss heute noch einmal stark ihre Selbstständigkeit und Unabhängigkeit unterstreichen. Sie muss von der Außenpolitik der Sowjetunion ebenso unabhängig sein wie von der anderer Großmächte.

Durch die außenpolitischen Richtlinien, denen die S[owjet]-U[nion] gefolgt ist, hat sie jede Chance verspielt, einen positiven Einfluss ausüben zu können, wenn es um die Aufgabe geht, nach dem Grauen und den Schrecken des Krieges ein neues Europa zu gestalten. Niemand wird diese Aufgabe lösen, wenn nicht die sozialistische Arbeiterbewegung sie löst. Den Blick nach vorn auf die großen geschichtlichen Aufgaben gerichtet, muss die Arbeiterbewegung, unabhängig von den Interessen der Großmächte, in Europa eine sozialistische und demokratische Neuordnung vorbereiten, die neuen imperialistischen Großmachtkonflikten und Kriegen die Grundlage entzieht.[12]

Angesichts dieser sich seit dem Spanischen Bürgerkrieg steigernden Erkenntnis, welche verheerende Rolle die Stalinisten für die europäische Arbeiterbewegung in ihrem Kampf gegen den Faschismus gespielt hatten, war es nur vordergründig befremdlich, dass auch Brandt sich an den Bemühungen um die Schaffung einer allerdings von Anfang an von den Kommunisten dominierten Deutschen Volksfront seit 1935 in Paris beteiligte, wenn auch nur am Rande. Die Illusion einer wenn auch verspäteten deutschen Einheitsfront gegen den Faschismus war – für viele andere übrigens auch – nicht so schnell aus dem Katalog des Wünschbaren zu streichen.

Dies ist jedoch nur ein Erklärungsfaktor; durch alle Texte Brandts über die Sowjetunion nach 1939 zieht sich ein (oft verborgener) Faden: das eine war der grundsätzliche Trennungsstrich vom ‚Vaterland aller Werktätigen', das andere blieb unverändert das politische Kalkül, dass man im Interesse eines freien demokratischen Europas und eines unabhängigen Deutschlands auf einen modus vivendi mit der Sowjetunion bedacht sein musste. Dies bedeutete zugleich, die legitimen Sicherheitsinteressen der Sowjetunion, die ja nun auch seit 1941 zu den Alliierten im Kampf gegen die nationalsozialistische Diktatur zählte, zu berücksichtigen. Dieses Zweckmäßigkeitsdenken spiegelte sich auch in dem Manifest „Friedensziele der demokratischen Sozialisten“ wider, das im Frühjahr 1943 von der Internationalen Gruppe demokratischer Sozialisten, der so genannten Kleinen Internationale, in Stockholm vorgestellt wurde. Brandt gehörte zu dieser Gruppe, die es ihm ermöglichte, seine politischen Horizonte zu erweitern, europäisch denken zu lernen und internationale Einordnungen wahrzunehmen; fast möchte man sagen, dass er sich gleichzeitig ein internationales Bezugssystem schuf: er war Auslandskorrespondent einer jüdischen Presseagentur in den USA, führte Gespräche mit ausländischen Diplomaten, schrieb politische Analysen, die nach Washington und London gelangten. Der Gruppe in Stockholm verdankte er – neben den engen SAP-Freunden August und Irmgard Enderle und Stefan Szende – auch neue Freundschaften: mit Alva und Gunnar Myrdal, Bruno Kreisky, Fritz Tarnow und Fritz Bauer. Und bald galt er in dieser Gruppe als führender Kopf. In dem Manifest „Friedensziele“ hieß es unter der Überschrift „Verständigung mit der Sowjetunion“:

Die Errichtung einer internationalen Rechtsordnung und eines lebensfähigen Völkerbundes erfordern, dass kein Bruch zwischen der Sowjetunion und den angelsächsischen Demokratien eintritt. Wird die gegenwärtige Zusammenarbeit durch einen offenen Gegensatz abgelöst, droht die Gefahr eines neuen Krieges.

Die demokratischen Sozialisten müssen alle Kräfte dafür einsetzen, dass die Zusammenarbeit zwischen den Vereinten Nationen weitergeführt und ausgebaut wird. Sie müssen das ihrige dazu beitragen, um das Misstrauen aus dem Weg zu räumen, das zwischen der Sowjetunion und den Demokratien bestanden hat.

Die ganze demokratische Welt bewundert den heldenhaften Kampf der Roten Armee und des russischen Volkes gegen die nazistische Überfallsmacht. Die Arbeiterbewegung und andere Kräfte des sozialen Fortschritts respektieren auch vollauf den großartigen Aufbau, der seit der russischen Revolution stattgefunden hat und dem die besonderen Voraussetzungen der Sowjetvölker ihr Gepräge gaben.

Der russische Aufbau wurde durch die drohende Kriegsgefahr erschwert und durch den nazistischen Überfall abgebrochen. Die sozialistische Arbeiterbewegung hat in früheren Jahren auf internationalen Kongressen festgestellt, dass sie entschlossen ist, sich mit aller Kraft wirtschaftlichen, politischen und militärischen Maßnahmen zu widersetzen, die die Sicherheit der Sowjetunion schädigen könnten. Alle aufrichtigen Demokraten und Freunde des Friedens müssen dem russischen Volke beim Wiederaufbau der zerstörten Landesteile helfen. Die demokratischen Sozialisten sind gewillt, der Sowjetunion volle Unterstützung auf allen Gebieten zuteil werden zu lassen, die für das Werk des sozialen Neuaufbaus und für die Erreichung der in der demokratischen Verfassung von 1936 niedergelegten Ziele von Bedeutung sein können.

Die Arbeiterbewegung in den anderen Ländern hat sich jedoch auf Grund der Verhältnisse in diesen Ländern geformt und muss sich weiterhin ausschließlich auf Grund dieser Bedingungen entwickeln. Ihre gewerkschaftlichen und politischen Organisationen müssen selbständig und frei sein von ausländischer Einmischung und Kontrolle. Eine einige und unabhängige Arbeiterbewegung in allen Ländern ist die beste Garantie für eine wirkliche Annäherung zwischen allen Völkern und damit auch für die Sicherung der Errungenschaften der Sowjetvölker.[13]

Wiederum parallel zur Ablösung von der Sowjetunion und zur wachsenden Distanz zur SAP verstärkte sich im Doppelexil des Deutschnorwegers Brandt dessen Bemühen um eine einheitliche demokratisch-sozialistische deutsche Arbeiterbewegung, obwohl er sich in Schweden mit einer Fülle von Veröffentlichungen, darunter allein sechs Bücher, vor allem dem Freiheitskampf Norwegens widmete. Bereits Ende 1937 hatte er im Zusammenhang mit dem Wechsel der Strategie der SAP – das Zusammengehen von ‚Reformismus' (der SPD bzw. SOPADE) und revolutionären Marxismus (der SAP) in einer Partei hielt sie nun für möglich und die Distanzierung von der Sektiererei der Kleinparteien und -gruppen für notwendig – den neuen Kurs interpretiert und vom „Ziel der Verschmelzung" gesprochen.

Unsere nächste Perspektive innerhalb der deutschen Bewegung: Zusammenarbeit und wenn möglich Verschmelzung mit den aktiven sozialdemokratischen Kräften. Soweit ich übersehen kann, gibt es dagegen keine ernsten Einwände. Dann sollen wir uns fest um diese Linie sammeln, praktisch ans Werk gehen und uns darüber klar sein, dass nicht wir *alle Bedingungen bestimmen können. Wir müssen zwischen Entscheidendem und Nebensächlichem unterscheiden können. Entscheidend ist diese linkssozialistische Bündnispolitik, mit deren Realisierung, selbst in der Form der Verschmelzung, nicht ein Ziel an und für sich, sondern nur eine Etappe auf dem Weg zu unseren weitergehenden Zielen erreicht ist. […]*

Wir können keine Standortbestimmung vornehmen, ohne uns den entscheidenden weltpolitischen Gegensatz vor Augen zu halten. Angesichts des Hauptgegensatzes zwischen dem Block der faschistischen Imperialismen, um den sich die Kräfte der kapitalistischen Reaktion scharen, und der Front der „Gegenkräfte" des Sozialismus und der Demokratie wird in erster Linie danach gefragt, ob man auf der einen oder der anderen Seite steht, und erst dann, welche näher bestimmte Position man innerhalb *der „Gegenfront" einnimmt. (…)*

In der heutigen internationalen Lage ist es von geradezu historischer Bedeutung, die Kräfte der S[owjet]U[nion] mit denen der westeuropäischen Arbeiterbewegung zusammenzuführen. […] Wir könnten vor allem wirksamer daran mithelfen, den verhängnisvollen Moskauer Methoden dadurch entgegenzuwirken, dass wir die westeuropäische Bewegung stärken und unabhängig erhalten. […][14]

Damals traf Willy Brandt in Paris mit Richard Löwenthal, Waldemar von Knoeringen und Erich Ollenhauer zusammen.[15] Neuen Antrieb erhielt die Einheitsparteifrage aber erst wieder Ende 1942, Anfang 1943, als die Stockholmer Exil-SAP den Londoner Exil-Sozialdemokraten den Vorschlag machte, eine „demokratisch-sozialistische Sammlungspartei" unter Einschluss der Kommunisten vorzubereiten. Erst 1944 erhielt das Projekt schärfere Konturen. Im Juli veröffentlichten die Stockholmer (Willy Brandt, August und Irmgard Enderle, Ernst Behm und Stefan Szende) eine Broschüre mit dem Titel „Zur Nachkriegspolitik der deutschen Sozialisten" – wohl die gründlichste Vorbereitung deutscher Exilpolitiker auf ihre Arbeit im Nachkriegsdeutschland.[16] Der nächste Schritt war die Unterrichtung der in Schweden erreichbaren SAP-Parteifreunde, datiert auf den 30. September 1944, darüber, dass man sich der Stockholmer SPD-Gruppe anschließen wolle, und der Aufforderung, diesem Schritt zu folgen. Am 9. Oktober erfolgte dann der angekündigte Beitritt:

An den Vorstand der SPD-Gruppe Stockholm
Die Unterzeichneten beantragen hiermit ihre Aufnahme in die Ortsgruppe Stockholm der SPD. Als Begründung möchten wir Folgendes erklären:

Die umstürzenden Ereignisse seit 1933 haben die Grundlagen und Bedingungen für den Neuaufbau der Arbeiterbewegung in Deutschland gegenüber früher verändert. Jahrzehntelang heiß umstrittene Probleme sind gegenstandslos geworden, veränderte Aufgaben und Schwierigkeiten stehen bevor. Sie können nur mit Erfolg bewältigt werden, wenn es gelingt, von Beginn des Wiederaufbaus die frühere Zersplitterung zu verhindern und neben einer einheitlichen Gewerkschaftsbewegung eine sozialistisch-demokratische Einheitspartei zu schaffen. Die Mitglieder und Anhänger der früheren Parteien und politischen Gruppen der Arbeiterbewegung, die zu positiver Mitarbeit in der Richtung eines demokratisch-sozialistischen Aufbaus in Deutschland bereit sind, sowie neue Kräfte – auch in den Mittelschichten und unter den Intellektuellen –, die diese Auffassung haben, müssen in dieser sozialistischen Partei vereinigt werden.

Wir wissen, dass die Partei nicht in der Emigration, sondern nur in Deutschland selbst gegründet und aufgebaut werden kann. Es ist aber von Bedeutung, wenn heute bereits in der Emigration und, soweit das möglich ist, in Deutschland propagandistisch und organisatorisch Vorbereitungen für den Start der sozialistischen Einheitspartei getroffen werden. Eine solche Partei, mit einem konkreten Wiederaufbauprogramm, wird bei der mit der Niederlage des Nazismus sicherlich zu politischer Aktivität drängenden Masse der Bevölkerung sicherlich die Anziehungskraft haben, während die Aufrichtung der alten Parteiensplitterungen große Enttäuschung hervorrufen und vor allem den von uns erwünschten demokratisch-sozialistischen Aufbau gefährden würde.

Aus den von der Stockholmer SP[D]-Gruppe aufgestellten Richtlinien über die neue sozialistische Partei in Deutschland und aus Äußerungen der SP[D]-Gruppen in Malmö und anderen Orten in Schweden sowie aus den Mitteilungen in London, wo der SP[D]-Vorstand seinen Sitz hat, geht hervor, dass innerhalb der SP[D] dieselben Bestrebungen für die Schaffung einer sozialistischen Einheitspartei bestehen wie bei uns.

Organisatorische Voraussetzungen für die Bildung einer Union,

wie sie in England von der SP[D], SAP und anderen sozialistischen Gruppen gebildet wurde, sind in Stockholm und Schweden nicht gegeben. Die SAP ist hier in den letzten Jahren auch nicht als feste Organisation aufrecht erhalten worden. Da wir aber eine enge Zusammenarbeit und völlig gemeinsame Vorbereitungen auf die Aufgaben in Deutschland mit allen erstreben, die auf gleichem sozialistisch-demokratischem Boden stehen wie wir, sind wir zu der Schlussfolgerung gekommen, uns der sozialdemokratischen Organisation anzuschließen. Wir haben die früheren SAP-Mitglieder in der Provinz von dieser Absicht unterrichtet, und ein Teil von ihnen will ebenfalls Aufnahme in die SP[D] beantragen.
I[m] A[uftrag] der Unterzeichneten
<Aug[ust] Enderle>[17]

Am 18. Oktober wurde der Aufnahmeantrag „einmütig" akzeptiert. Jacob Walcher in New York hatte Brandt bereits Ende August wissen lassen, dass man nach wie vor „überzeugte Anhänger einer einheitlichen soz.(ialistischen) Bewegung" sei, aber vor einer Rekonstituierung der SAP warne. Hatte der Norweger deutscher Herkunft mit dem Blick auf Europa und die Welt sein Gesicht wieder Deutschland zugewandt? Das ‚wieder' stimmt nicht – Deutschland lag ihm nie fern. Alle befragten seriösen Autoren stimmen darin überein, dass Deutschland für Brandt im Exil immer ein Thema blieb: „Hitler ist nicht Deutschland" – das war sein Leitwort. Aber er meinte damit nicht Deutschland schlechthin, etwa in dem Sinne, dass auf der einen Seite Hitler und seine Helfer standen und auf der anderen ihnen gegenüber ‚Deutschland'. Er meinte das andere, das bessere, das widerständige, das Deutschland der Arbeiterbewegung, also einen Teil des ganzen Deutschland, den er wie die meisten Exilanten überschätzte nach dem unausgesprochenen Motto, dass nicht sein könne, was nicht sein dürfe.

Andererseits hatte Brandt bereits 1936 nach seinem Berlin-Aufenthalt die zutreffende Beobachtung nicht unterschlagen, dass der Nationalsozialismus selbst bei klassenbewussten Arbeitern Anhänger gefunden hatte. 1937 beteiligte er sich an der Gründung einer Zeitschrift mit dem Namen „Das verborgene Deutschland", die „unser Deutschland und unser Norwegen" miteinander verbinden sollte. Erst 1938 räumte Brandt ein, dass „der Nazismus" insbesondere unter den Jugendlichen eine Massenbasis habe. Den Schlusspunkt der realistischen Einschätzung des „anderen Deutschland" bildete der 3½-stündige Bericht, den Brandt nach seiner Reise in verschiedene Teile Deutschlands am 3. Januar 1946 vor der Stockholmer SPD-Gruppe abgab.

> *Mein erster Gesamteindruck ist, dass der Weg in Deutschland trotz aller Schwierigkeiten, die vorhanden sind, frei liegt für einen Neuaufbau der deutschen Gesellschaft. Aber es ist, um den Weg breiter zu machen, damit die Massen vorrücken können, viel Schutt beiseite zu räumen. Der Schutt, der auf den Strassen liegt, an den gewöhnt man sich erschreckend schnell. Ich habe mich in vierzehn Tagen daran gewöhnt. Aber ungeheuerlich ist der Schutt in den Köpfen der Menschen. Selbst die Pessimisten haben unterschätzt, welche Wirkungen zwölf Jahre Faschismus in den Köpfen hinterlassen würden, welche Leere und welche Dummheit in großen Massen des Volkes nach dieser planmäßigen Verseuchung zu verzeichnen sind. Wir dürfen uns keinerlei Täuschung hingeben: die Wirkung der ideologischen Beeinflussung ist sehr tief gegangen. Wir sollen alle Mitträger der neuen deutschen Arbeiterbewegung werden und dürfen daher den Aufbau nicht mit einer Lüge beginnen. Und es wäre eine Lüge, wenn wir behaupten würden, dass die Arbeiterbewegung immun geblieben ist. So kann es im Grossen und Ganzen aussehen. […] Es hat Einbrüche gegeben unter der Mitgliedschaft bis in die höchsten Funktionärskader. Ich empfehle jedem, die Zahl jener aus dem Funktionärskreis zu prüfen, die die Mitgliedschaft der NSDAP in den Jahren 1940–42 erworben haben. Es waren Genossen, die sehr erstaunt sind, dass man sie nicht zur Arbeit heranziehen will, die aber soweit infiziert waren, dass sie sagen, jeder musste damals doch sehen, dass Deutschland den Krieg gewinnen würde und es wäre wahnsinnig gewesen, sich auch weiterhin auszuschließen. Vielleicht konnte man, so argumentierten sie damals, in der Partei Opposition machen. Man muss sehen, dass das eine Schwäche war, eine Demoralisierung. Ich sage das nicht, um die Lage schwärzer zu malen, als sie ist. Es gibt eine breite Schicht treuer Genossen. Aber diese Sache gehört zum Gesamtbild.*
> *Damit ist nichts gesagt von der Kollektivschuld. […]*[18]

Seit 1943 hatte Brandt gegen die Kollektiv-Schuld-These gekämpft bzw. gegen den Vansittartismus, ein Begriff, der an den Namen von

Robert Vansittart, dem einflussreichen außenpolitischen Berater der britischen Regierung, gebunden war. Vansittart hatte in einem Buch das Hitler-Regime und das deutsche Volk gleichgesetzt und entsprechende Folgerungen für die Nachkriegszeit gezogen (Entwaffnung, Besetzung, Zerstörung großer Teile der Schwerindustrie, Umerziehung der Bevölkerung). Sowohl in den „Friedenszielen" als auch in der „Nachkriegspolitik" hatten sich Brandt und seine Freunde gegen diese Thesen gewandt, die von anderen noch verschärft und ergänzt worden waren (Zerstückelung des Reiches, Bevölkerungstransfer). Doch ging es bei der Abwehr solcher Vorstellungen erst einmal primär nicht um die deutsche Nation als solche, sondern um die Anerkennung des „Selbstbestimmungsrechtes aller Nationen und um das Recht aller Völker, ihr eigenes Leben führen zu können" (wie die UNO deklariert hatte). Das sollte auch für Deutschland gelten. So steht auch in der „Nachkriegspolitik":

> *Das deutsche Volk trägt nicht die Alleinschuld am Kriege. Wir wissen, dass der Krieg ein Resultat engstirniger kapitalistischer Klassenpolitik war. Wir wissen, dass der Krieg durch Anwendung des Prinzips der kollektiven Sicherheit hätte vermieden werden können. [...]*
>
> *Tatsache ist aber, dass Hitler-Deutschland diesen Krieg entfesselt hat. Tatsache ist, dass das Hitlerregime sich bei seiner Rüstungs- und Kriegspolitik auf einen allzu großen Teil des deutschen Volkes stützen konnte. Tatsache ist weiter, dass im Laufe dieser Jahre die schlimmsten Verbrechen an anderen Völkern von Deutschen und im Namen des deutschen Volkes verübt [worden] sind und dass sich demzufolge ein riesenhafter Hass gegen das gesamte deutsche Volk aufgespeichert hat.*
>
> *Aufgabe einer demokratischen Außenpolitik des neuen Deutschland wird es sein, erstens, dem deutschen Imperialismus radikal die Grundlagen zu entziehen, zweitens, durch außerordentliche Beiträge zum europäischen Wiederaufbau zumindest einen Teil der nazistischen Verbrechen wiedergutzumachen, drittens, durch geduldige und sachliche Arbeit den friedlichen Charakter der Maßnahmen des neuen Deutschland unter Beweis zu stellen und Schritt für Schritt neues Vertrauen zu erwerben. [...] Wir können den vom Nazismus unterjochten Völkern und Nationen, die im Kampf gegen den Faschismus schwerste Blutopfer zu bringen hat-*

ten, lediglich sagen: Wir erwarten nichts anderes als eine Chance, durch Taten beweisen zu können, dass wir nichts mit dem Deutschland zu tun haben, das ihr von der widerwärtigsten Seite kennengelernt habt, und dass wir kein höheres Interesse kennen, als mit euch zusammen am friedlichen Wiederaufbau Europas zu wirken.

Wir bekämpfen den „Vansittartismus" natürlich nicht deswegen, weil er die Verbrechen der deutschen Nazis, Militaristen und Imperialisten anprangert. Wir bekämpfen ihn, weil er in seiner konsequenten Verfechtung Rassenpolitik mit umgekehrten Vorzeichen ist, und vor allem, weil er in konkreten politischen Maßnahmen ausgedrückt bedeutet, dass man das arbeitende deutsche Volk prügelt und die reaktionären Schichten einschließlich des Großkapitals schont.[19]

Im Frühjahr 1946 hat er dann den gesamten Komplex in dem umfangreichen Buch „Verbrecher und andere Deutsche" in norwegischer Sprache und gerichtet an die Norweger zusammenfassend dargelegt. Bereits im ersten Kapitel stellte er die zentrale Frage: „Herrenvolk oder Verbrecherbande?"

Hitler – und andere vor ihm – hatten versucht, den Deutschen einzureden, dass sie berufen seien, die Herren Europas und der Welt zu sein. Er schaffte es, die größte und gefährlichste Verbrecherbande der Geschichte zu rekrutieren. Als er verschwand, waren die Herrenvolkanwärter Gefangene, Bettler oder – im besten Fall – Bewohner eines großen Armenhauses. […] Es war Wahnsinn, die Deutschen dazu aufzuhetzen, die Rolle der Herren der Welt spielen zu sollen. Sie marschierten – so lange, bis sie ihr eigenes Land verloren hatten. Das braucht jedoch nicht zu bedeuten, dass sie alle – und ein für allemal – Verbrecher sind.[20]

Brandt wollte also unterscheiden zwischen den nazistischen Verbrechern unter den Deutschen, den Deutschen, die sowohl Werkzeug als auch Opfer der nazistischen Verbrecher geworden waren, und den anderen Deutschen, die Opposition und Widerstand geleistet und Verfolgungen bis zur Ermordung erlitten hatten. Damit distanzierte er sich von der These einer Kollektivschuld aller Deutschen, hob aber die Mitverantwortung des ganzen deutschen Volkes für das Geschehene hervor.

Und wie ordnete sich der Deutschnorweger Brandt selber ein? Bereits 1943 hatte er, veranlasst durch Angriffe der norwegischen Kommunisten, eine Formel für seinen damaligen Status, „zwei Vaterländer“ zu haben, gefunden, die er noch öfter wiederholte und die bewies, dass er keinen Konflikt darin sah, Deutscher geblieben und Norweger geworden zu sein.

Ich fühle mich Norwegen mit tausend Banden verbunden, aber ich habe niemals Deutschland – das andere Deutschland – aufgegeben. Ich arbeite, um den Nazismus und seine Bundesgenossen in allen Ländern zu vernichten, damit sowohl das norwegische als auch das deutsche Volk und alle anderen Völker leben können. Ich habe im Laufe dieser Jahre zweimal mein Vaterland verloren. Ich arbeite dafür, zwei Vaterländer wiederzugewinnen – ein freies Norwegen und ein demokratisches Deutschland. Der Tag wird kommen, an dem der Hass, der im Krieg unvermeidlich scheint, überwunden wird. Einmal muss das Europa Wirklichkeit werden, in dem Europäer leben können.[21]

Im April 1948, als er sein Buch über „Norwegens Freiheitskampf 1940–1945“ in deutscher Sprache veröffentlichte, widmete er, nun schon wissend oder doch ahnend, dass die Kriegsalliierten in ihm weiter einen Deutschen und die Deutschen in ihm einen Renegaten sehen würden, der Überzeugung, „zwei Vaterländer“ zu haben, ein ganzes Vorwort:

Dieses Buch handelt vom norwegischen Freiheitskampf während des zweiten Weltkrieges. Es wurde – in Anlehnung an meine in Stockholm und Oslo erschienenen größeren Arbeiten – 1945 geschrieben, aber seitdem durchgesehen und etwas ergänzt.

Norwegen, wo ich seit 1933 lebte, war mir mehr als ein Asyl. Es wurde meine zweite Heimat. An jenem Morgen, als Hitlers Flugzeuge über die Dächer Oslos strichen, empfand ich es als selbstverständliche Pflicht, der gerechten norwegischen Sache nach Kräften zu dienen. Das war keine Entscheidung gegen Deutschland, sondern gegen das Regime, das Deutschland und Europa zugrunderichtete. So standen denn meine Kriegsjahre in Stockholm im Zeichen journalistischer und schriftstellerischer Arbeit für Norwegen.

Der norwegische Freiheitskampf war für mich nie etwas Isoliertes. Er war ein Abschnitt des großen Ringens mit dem völkermordenden, nazistischen Nihilismus. Aber dieser Abschnitt ist wert, gekannt zu werden.

Hitler hatte mir zweimal die Heimat genommen. Ich arbeitete für ein freies Norwegen und für ein demokratisches Deutschland. Als für Norwegen die Stunde der Freiheit schlug, begann für Deutschland eine neue Periode schwerer Bedrängnis. Wenn ich mich inzwischen entschlossen habe, meine Kraft jetzt ganz für den Neubau der deutschen Heimat einzusetzen, so ist das keine Entscheidung gegen Norwegen. An meinem Verhältnis zu seinen Menschen, meiner Liebe zu seiner Natur, meiner Schwäche für seinen Lebensstil hat sich nichts geändert.

Aus tiefer Verbundenheit ist dieser Bericht entstanden. Er möchte dazu beitragen, dass Mauern abgetragen werden. Dazu gehört das Wissen um all' die Dinge, die den deutschen Namen mit Schande beladen haben. Nur wenn die Bereitschaft zum Verständnis der Wahrheit vorhanden ist, wird man auch die Lehren eines unter anderen Bedingungen um seine Heimat ringenden Volkes richtig verstehen können.

Nicht nationalistische Rückfälle, allein Vorstöße zu vernünftigen Formen europäischer und internationaler Zusammenarbeit freier Völker stellen einen Ausweg aus der Nachkriegskrise dar. Eine der wichtigsten Voraussetzungen dafür ist, dass die Völker mehr voneinander wissen.

Und so hoffe ich denn, dem deutschen Leser möge das norwegische Schicksal durch dieses Buch ein wenig näher gebracht werden. Er möge auch wissen, dass es im demokratischen Skandinavien nicht an der Bereitschaft fehlt, sich mit einem demokratischen Deutschland zum gegenseitigen Nutzen zu verständigen.

Berlin, am 9. April 1948.[22]

Als dann der Tag kam, sich zu entscheiden, schien Brandt vor der Frage zu stehen: Heimkehr nach Deutschland oder in Norwegen bleiben oder etwas Drittes auf europäischer oder vielleicht sogar internationaler Ebene? So manches spricht dafür, dass er sich bereits bei Kriegsende weitgehend sicher war, nach Deutschland zurückkehren zu wollen. Der Vollzug dieser Entscheidung fiel endgültig erst Ende 1947. Davor lag eine vorläufige Lösung: Heimkehr auf Zeit –

Berichterstatter bei den Nürnberger Prozessen, Presseattaché an der Norwegischen Militärmission in Berlin, verbunden wieder mit einer doppelten Option: Norwegen zu danken und sich in die deutsche Politik einzuspielen. Nachkriegsbedingte, mit anderen Exilgenossen geteilte allgemeine Umstände, die sich zunächst nur undeutlich abzeichnenden beruflichen Möglichkeiten, vielleicht auch ein persönlichkeitsspezifisches Zaudern haben bei dieser Vorläufigkeit eine Rolle gespielt, zumal auch persönliche Faktoren zu berücksichtigen waren: die definitive Trennung von seiner Frau, die nicht mit nach Deutschland gehen wollte, und seiner Tochter, die er nicht vermissen mochte, aber auch die Gestaltung seiner Beziehung zur späteren zweiten Ehefrau, der Norwegerin Rut.

Unverkennbar war jedoch, dass Willy Brandt, nunmehr 32 Jahre alt, das unstete Leben, das mit dem zweiten Exil 1940 begonnen hatte und sich 1945/46 fortzusetzen schien, beenden wollte und einen „ordentlichen Neuanfang finden“ musste. Fest stand nämlich auch das Ergebnis der Lernprozesse im Exil:

→ Willy Brandt hatte Abschied genommen von der Vorstellung eines revolutionären Sozialismus.

→ Er bekannte sich zu einem Sozialismus, der sich auf Freiheit und Demokratie aufbaute und der ohne diese nicht möglich sein würde.

→ Er hatte erkannt, dass dieser freiheitliche und demokratische Sozialismus nur durch eine einheitliche demokratische Arbeiterbewegung zu verwirklichen war, die sich eines Tages auf den Weg zu einer Volkspartei machen würde.

→ Er betrachtete die Sowjetunion als einen reaktionären Faktor in der internationalen Politik, gegen den die demokratische Arbeiterbewegung kämpfen musste.

→ Er sah gleichzeitig, um des Friedens in der Welt willen und um die Chancen einer demokratisch-sozialistischen Neuordnung in Deutschland zu erhalten, die Notwendigkeit einer Verständigung mit der Sowjetunion und der Kooperation mit den kleinen osteuropäischen Ländern.

→ Er löste die auch ihm wie vielen Exilanten und Emigranten gebliebene Bindung an die deutsche Kulturnation nicht, befreite sich aber von der hierarchischen Beziehung zwischen Vaterländern und Nationen, europäischen Optionen und internationale Orientierungen und verstand dies als Voraussetzung für ein neues, ein anderes Deutschland – nach Hitler.

Wohl kein deutscher Politiker im 20. Jahrhundert hatte, noch dazu in so jungen Jahren, ein vergleichbares Ausmaß an reflektierten grundsätzlichen Auffassungen und politischen Erfahrungen aufzuweisen wie Willy Brandt. Und dies war es, was ihn bereits jetzt zu einem ganz anderen Deutschen machte.

3.
Willy Brandts andere deutsche Republik

Am 17. Januar 1947 nahm Willy Brandt seine auf ein Jahr befristete Arbeit als Presseattaché der norwegischen Militärmission in Berlin auf, in einer Stadt, die er eigentlich nicht so recht mochte. Er hatte begriffen, dass er sich, wenn er sich in die Politik in und für die deutschen Dinge einbringen wollte, nicht mehr lange zögern durfte. Dabei war er sich im Klaren darüber, dass er als „Alliierter" nach Berlin kommen würde und dass er riskierte, „dass die Ex-Alliierten weiterhin in mir einen Deutschen und die Deutschen in mir einen Renegaten sehen".[1] Die deutschen Genossen, voran das Büro Schumacher in Hannover, denen er im April 1946 signalisiert hatte „Ich stehe zur Verfügung", hätten ihn am liebsten zumindest noch eine Weile ‚draußen' gesehen, wo er sich doch – so Schumachers Mitarbeiter Fritz Heine – zunächst noch „nützlich machen" könnte.

Mit solchem ‚wohlwollenden' Bescheid, hinter dem sich nicht nur, aber auch die Absicht verbarg, nicht mit allzu viel Meinungsvielfalt im Reorganisierungsprozess der Partei konfrontiert zu sein, wurde damals so mancher Exilant bedacht und faktisch und moralisch daran gehindert, rechtzeitig seinen Fähigkeiten und Leistungen entsprechende politische Positionen im besetzten Deutschland einzunehmen. Genügend sozialdemokratische Spießbürger gab es zudem auch in Berlin, die sich daran zu stoßen schienen, dass Willy Brandt als Norweger, ja sogar in norwegischer Uniform (als Ziviloffizier im Majorsrang) zurückkehrte. In dieser Hinsicht hat Annedore Lebers Votum Brandt möglicherweise beruhigen können, als sie ihn wissen ließ: „Wir freuen uns! Es ist uns gleich, in welcher Funktion Sie kommen – wir wissen schließlich, wer kommt."[2]

Ende April und Anfang Juni 1946 hatte Willy Brandt angesichts der Zwangsvereinigung von SPD und KPD zur SED in der SBZ den definitiven Schlussstrich gegenüber den von Jacob Walcher vertretenen Positionen gezogen:

> *Damit sind wir bei der Haltung zur S[owjet-]U[nion] angelangt. Mir will scheinen, dass unsere Auffassungen zu diesem Punkt in der Tat beträchtlich voneinander abweichen. Für Dich repräsentiert die S[owjet-]U[nion]* das *sozialistische Moment in der internationalen Politik. Von daher gelangst Du in der Gesamtlinie zu einer Unterordnung der internationalen – in unserem Fall der deutschen – Arbeiterbewegung unter die Interessen der S[owjet-] U[nion]. Ich gehe dem hingegen nicht von einer einfachen Interessensolidarität zwischen der S[owjet-]U[nion] und der deutschen resp. internationalen Arbeiterbewegung aus. Gewiss gibt es objektiv eine Masse gemeinsamer Interessen. Diese lassen sich aber auf Grund der geschichtlichen Gegebenheiten, vor allem auch auf Grund der russischen Eigenentwicklung, nur in beschränktem Maße durchsetzen.*

Brandt geht dann auf die Entwicklung der Sowjetunion seit den 1930er Jahren ein, betont den Fortschritt des wirtschaftlichen Aufbaus des Landes und lobt das bewundernswerte Bestehen der Bewährungsprobe im Zweiten Weltkrieg, stellt dann aber fest, dass die axiomatische Behauptung, die Kollektivierung der Wirtschaft werde zwangsläufig eine Befreiung des Menschen nach sich ziehen, durch die Entwicklung nicht bestätigt worden sei.

> *Es ist offenbar, dass die Verstaatlichung der Produktionsmittel (oder andere Formen der Kollektivierung)* nicht *automatisch zu „höheren Formen der Demokratie" führt, sondern dass es dazu einer besonderen und ganz entschiedenen willensmässigen Anstrengung bedarf. Man kann hoffen, dass es auf der Basis der veränderten gesellschaftlichen Verhältnisse im Laufe der Zeit in der sowjetischen Welt gelingen wird, die Eigen- und Rückentwicklung im „Überbau" zu überwinden und durch eine freiheitliche, humanistische Entwicklung abzulösen.*
>
> *Wir stehen jedoch vor der Frage, ob wir – über das hinaus, was sich während der vergangenen 13 Jahre abgespielt hat – erst die Entwertung uns wesentlicher menschlicher und sittlicher Werte durchmachen müssen oder ob wir von einer höheren Stufe aus zum Sozialismus gelangen und in ihm die Elemente des Kollektivismus und der Freiheit vereinigen können. Ich weiß nicht, ob das gelingen wird. Aber der Versuch muss gemacht werden. Daraus ergibt sich*

> *keine Feindschaft gegenüber der S[owjet-]U[nion] und erst recht kein primitiver Antibolschewismus. Aber es bedarf einer unabhängigen sozialistischen Politik, einer Politik, die dem Osten lässt, was ihm gebührt, die aber keineswegs auf den Anschluss an die sozialistischen und fortschrittlichen Kräfte im Westen verzichtet. Es ist doch eine unerlaubte und falsche Vereinfachung, wenn man im Westen nichts als Reaktion und kapitalistische Ausbeutung sieht.*
>
> *An den Schluss meiner Ausarbeitung zur Krise der neuen deutschen Arbeiterbewegung stellte ich die Forderung, dass es gälte, von den neuen Verhältnissen aus und befreit von Dogmen und Vorurteilen, eine planwirtschaftlich-freiheitliche, demokratisch-sozialistische Konzeption für die deutsche, europäische und internationale Arbeiterbewegung zu entwickeln.*

Für Brandt steht deshalb fest, dass auch das werktätige deutsche Volk ein Recht auf Selbstbestimmung habe, und dass es deshalb gelte, auf der Unabhängigkeit der deutschen Arbeiterbewegung gegenüber den Okkupationsmächten zu bestehen.

> *Es kann doch gar keinem Zweifel unterliegen, dass der S[owjet-]U[nion] am besten mit der selbständigen Entwicklung des europäischen Sozialismus gedient wäre. Jetzt ist es so, dass die Russen nur dort sicher sind bzw. sich sicher fühlen, wo sie sich durch die Rote Armee gesichert haben. In der übrigen Welt ist ihre Position im Laufe des letzten Jahres phantastisch geschwächt worden. Für Deutschland hat sich das bestätigt, was ich in meiner Ausarbeitung feststellte: „Die bisherige Entwicklung des Einheitsproblems hat die Gegensätze verschärft und den Kräften Vorschub geleistet, die keine gesamt-deutsche Lösung wollen. Die Stabilisierung der zonenmässigen Zerstückelung widerspricht aber den Regeln elementarster wirtschaftlicher Vernunft. Sie ist ein Unglück für die Deutschen, aber nicht nur für sie. Eine andauernde Kolonisierung Deutschlands, mit allen Friktionen, die gerade sie nach sich zieht, beinhaltet eine Gefährdung des Weltfriedens.“ In meinem vorigen Brief fügte ich dem hinzu: „Es ist auch festzustellen, dass durch die Art, wie die Einheitspolitik vorangetrieben worden ist, der Einheitswille des übergroßen Teils der sozialdemokratischen Arbeiterschaft in sein Gegenteil umgekehrt wurde. Die KP begegnet heute in allen westlichen Zonen, aber nicht nur dort, einem*

Misstrauen, das nicht unberechtigt ist und das teilweise bereits in offene Feindschaft umgeschlagen ist. Eine der Folgen ist auch, dass eine Stärkung der reaktionären Einflüsse festgestellt werden kann. Die Zwangseinheit trägt zweifellos dazu bei, dass die Zonengrenzen sich versteifen. Diese Wirkung wird nicht durch noch so viel SED-Aufrufe aufgehoben. Für die Westmächte, aber auch für die westliche Arbeiterbewegung, stellt sich die SED-Politik als eine Funktion der russischen Außenpolitik dar. Sie fordert zu Gegenmaßnahmen heraus. Das Ergebnis wird tiefere Zerklüftung statt der so notwendigen stärkeren Vereinheitlichung sein."

Trotzdem bin ich natürlich mit Dir darin einig, dass es weiterhin eine gebieterische Notwendigkeit ist, die größtmögliche Geschlossenheit innerhalb der Arbeiterbewegung herzustellen und einer einheitlichen sozialistischen Partei zuzustreben. Ich kann jedoch nicht einsehen, dass der Erreichung dieses Ziels durch die forcierte Bildung der SED im Osten gedient ist.

Lass uns doch noch einmal festhalten, dass es vor einem Jahr möglich gewesen wäre, die Einheit zu verwirklichen, wenn die KPD-Führung das gewollt hätte. Nun wirst Du fragen, warum denn dann nicht die SPD mitgemacht hat, als die KPD-Führung ihren Kurswechsel vornahm. Nun, ich verleugne keineswegs, dass es meiner Meinung nach negative Momente in der sozialdemokratischen Politik gab. Entscheidend ist doch aber andererseits, dass die KPD umschwenkte, als sie ihren Apparat in der Ostzone ausgebaut und die Gewähr für die Beherrschung der SED in der Hand zu haben glaubte.(…) Durch die Art, wie nun im Osten die SED zusammengebracht wurde, ist in der Tat das Einheitsproblem der deutschen Arbeiterbewegung nicht gelöst worden. Im Osten hat man es äußerlich gelöst, im Westen – und zwischen dem Osten und dem Westen – sind die Gegensätze gewachsen.[3]

Verbunden mit dieser Klärung folgte ebenfalls im Jahre 1946 die endgültige Entscheidung gegen die SAP, für die SPD, für Deutschland (wenn auch nicht gegen Norwegen), für Berlin und die Berliner. Denen begann er, allmählich seine Bewunderung zu schenken. Er kannte durch seine Reisen durch Deutschland 1945/46 viele kriegszerstörte Städte. Aber Berlin, so schrieb er an Rut, seine zukünftige Frau, war *trotz der unvorstellbaren Zerstörungen etwas ganz anderes ... als andere deutsche Städte. Es gibt hier Not und Elend und Verwirrung und Kriminalität. Aber hier gibt es auch ein fruchtbares politisches und kulturelles Leben. Hier spielt es sich ab. Hier erlebt man Europa und einem Großteil von dem, was die Welt bewegt. Ich habe Berlin früher nie gemocht, aber ich glaube, ich werde mich hier wohl fühlen.*[4]

Nach zehn Monaten Tätigkeit in der norwegischen Militärmission schrieb Brandt an seinen Stockholmer Freund Gunnar Myrdal einen Brief, in dem u. a. stand:

Lieber Freund, als wir Anfang September miteinander telefoniert hatten, freute ich mich darauf, Dich in Genf zu besuchen und die Möglichkeit zu erörtern, Deinem Mitarbeiterkreis angeschlossen zu werden. In der Zwischenzeit ist dadurch eine neue Lage entstanden, dass ich nach reiflicher Überlegung mich dazu entschlossen habe, einem Ersuchen meiner deutschen sozialdemokratischen Freunde nachzukommen. Es handelt sich zunächst darum, Vertreter der Parteiführung in Berlin und gegenüber den hiesigen alliierten Stellen zu werden. Eine leichte Entscheidung ist es nicht gewesen, und ich hoffe, dass Du die Motive verstehst, die dem von mir gefassten Entschluss zugrunde liegen.

(...) Norwegen und der Norden haben mir viel gegeben, worüber ich froh und wofür ich dankbar bin. Auch keine formellen Trennungslinien werden mich dazu bringen, Zweifel an der tatsächlichen Zusammengehörigkeit zu hegen.[5]

Einen Tag später entwarf Brandt seinen Abschiedsbrief an Halvard Lange, norwegischer Außenminister und ebenfalls ein persönlicher Freund:

Ich war recht jung, als ich nach Norwegen kam. Gewiss nahm ich an der deutschen antinazistischen Arbeit teil. Aber ich wuchs frühzeitig in die norwegischen Verhältnisse hinein, und es bedeutete für mich viel mehr als etwas Äußerliches, als ich norwegischer Staatsbürger wurde. Das geschah übrigens mehrere Jahre, nachdem mir meine deutsche Staatsangehörigkeit genommen worden war, was wohl damals eher eine Ehrenbezeugung war.

Norwegen hat mich als politischen Menschen und auch sonst geprägt. Das ist etwas, worüber ich froh und wofür ich dankbar bin, und ich gedenke nicht, vor dem Geschehenen zu fliehen. (...)

Aber es hilft nichts. Ich weiß, dass die Lösung des deutschen Problems von Entscheidungen abhängig sein wird, die auf der internationalen, großpolitischen Ebene gefällt werden. Aber es gibt viel, was in Deutschland getan werden muss, im Interesse Europas, der Demokratie und des Friedens. Und es gibt trotz allem positive Kräfte im deutschen Volk, die der Entwicklung ihr Gepräge werden geben können.

Du sollst wissen, dass ich eigentlich keine Illusionen habe. Aber ich will versuchen, dabei zu helfen, dass Deutschland nach Europa zurückgeführt wird und nach Möglichkeit ein Teil jener dritten Kraft wird, die erforderlich ist, um der größten Katastrophe aller Zeiten zu entgehen. Es ist ziemlich sicher, dass ich Enttäuschungen erleben werde, vielleicht auch mehr als dies. Hoffentlich werde ich einer etwaigen Niederlage mit dem Gefühl begegnen, meine Pflicht getan zu haben.

Ich werde all das Gute, das ich in Norwegen erlebt habe, mit mir tragen. Es gab auch weniger Gutes, aber in meinen Gedanken gibt es keine Andeutung von Bitterkeit, keine formalen Trennungslinien können mich daran hindern, Zusammengehörigkeit mit Norwegen zu empfinden. Ihr könnt weiterhin mit mir rechnen.[6]

Am 11. Dezember erklärte er dann seine Entscheidung dem in Stockholm verbliebenen, engen persönlichen Freund Stefan Szende:

Du erinnerst Dich daran, wie sehr ich im vorigen Jahr schwankte, bevor ich das Angebot Halvard Langes annahm, und dass ich mich dann bewusst nur auf zunächst ein Jahr verpflichtete. Im Laufe dieses Jahres ist mir immer wieder der Gedanke gekommen, dass ich vom deutschen Standort aus mehr leisten könnte (übrigens auch meinem andren Heimatland wahrscheinlich mehr nützen könnte). Demokratische Sozialisten können heute überall in Europa nützliche Arbeit leisten. Aber hier ist besonders viel zu tun. Und vor allem in Berlin. (...)

Im übrigen kann ich Dir, lieber Stefan, verraten, dass ich gern auf der „Insel im roten Meer" bleiben möchte. Ich tue das ohne alle Illusionen. Ich werde nicht nur große Enttäuschungen erleben, sondern vielleicht auch die große Niederlage meines Lebens. Aber wenn es so weit kommen sollte, möchte ich der Niederlage mit dem Gefühl begegnen können, meine Pflicht getan zu haben.[7]

Es war ein langer Abschied von Norwegen, seinem zweiten Vaterland …

Schließlich erhielt Kurt Schumacher am 23. Dezember 1947 einen langen Brief, in dem Brandt die verleumderischen Querschläge von sozialdemokratischen Exilanten in Stockholm und Berliner Genossen scharf parierte.

Gestatten Sie mir abschliessend, Ihnen zu versichern, dass ich niemals ein einfacher Jasager gewesen bin und es hoffentlich auch nie werde. Aber ich habe seit langem gelernt, mich einzuordnen und von dem mir einmal zugewiesenen Platz aus mit voller Kraft für unsere Sache zu wirken.

Nach den vielen Jahren der Vorbereitung und des Kommentierens sehne ich mich nach aktivem Einsatz. Es waere mir umso leichter, eine verantwortliche Arbeit fuer die Partei zu uebernehmen, da ich von Ihrer programmatischen Forderung weiss, eine erneuerte deutsche Sozialdemokratie zu formen. Tradition bedeutet viel. Aber die Ehrfurcht vor dem Ueberlieferten darf nie so weit gehen, dass man – wie etwa Heinig – Fehler und Irrtuemer der Vergangenheit nicht eingestehen will. Wie sollte dann eine Partei innerlich wachsen koennen? Und wie sollte sie den Kampf um die junge Generation mit Erfolg bestehen koennen?

Unfruchtbare Auseinandersetzungen ueber die theoretischen Grundlagen der Bewegung koennten uebrigens meines Erachtens dadurch vermindert werden, dass in der Schulungsarbeit noch mehr Gewicht auf die Entwicklung *sozialistischen Denkens gelegt wird. Niemand wird dann um die entscheidende Bedeutung der marxistischen Grundkenntnisse herumkommen. Die meisten werden aber auch einsehen, dass sie nicht der Weisheit letzter Schluss sein koennen. […]*

Wenn tatsächlich aus mir unbekannten Gruenden entscheidende Bedenken aufgetaucht sind, ist es besser, wir sprechen nicht mehr von diesem Projekt. Ich zweifle nicht daran, dass ich mich auch auf einem anderen Gebiet nuetzlich betaetigen koennte. […][8]

4. Willy Brandt auf dem Landesparteitag der Berliner SPD (1948)

Willy Brandt begann seine Tätigkeit als Vertreter des SPD-Parteivorstandes in Berlin am 21. Januar 1948; am 28. Juli des gleichen Jahres bürgerte das Land Schleswig-Holstein den geborenen Lübecker wieder ein. Seine Tätigkeit übte er bis November 1949 aus; danach vertrat er bis 1957 als Abgeordneter das Land Berlin im Deutschen Bundestag; von 1957 bis 1966 war er Regierender Bürgermeister von Berlin.

BERLIN – er muss es bald gespürt haben – wurde sein Schicksal. Von 1947 bis 1966, also fast zwanzig Jahre, machte er ‚Politik in und für Berlin'. Berlin hatte für ihn bis dahin politische Priorität. Dabei sah er sich jedoch nicht als Lokalpolitiker, sondern verstand sich mehr und mehr als ein Politiker, der im Interesse Berlins Deutschland- und Außenpolitik betrieb. Man kann es noch deutlicher sagen: vom Außenposten Berlin aus war seine Politik auf ganz Deutschland gerichtet und wurde deshalb zu einer Alternative zu dem Regierungsblick von Bonn auf Berlin, der den komplexen Bedingungen der Stadt nur bedingt gerecht wurde und Berlin im Grunde als eine Last betrachtete. Alle Interpreten Brandts sind sich darin einig, dass Brandts Berliner Jahre keine bloßen ‚Lehrjahre' gewesen sind, dass das, was er bis 1966 politisch tat, als keine bloße ‚Vorgeschichte' für die Zeit danach anzusehen ist.[9] Denn in Berlin und über Berlin hinaus gewann Willy Brandt „Ansehen und Profil, und die Berliner Erfahrungen prägten entscheidend Grundstrukturen seines Denkens und Handelns".[10]

Zentrale Voraussetzung für seine politischen Positionen bildeten die Ereignisse des Jahres 1948: das Ende aller auf politische Selbständigkeit und nationale Unabhängigkeit gerichteten Bemühungen in den von der Roten Armee befreiten osteuropäischen Ländern, vor allem in der Tschechoslowakei, deren Hauptstadt Prag Brandt 1947 besucht hatte. Die Ereignisse in Prag im Februar 1948 vermittelten Brandt die unumkehrbare Einsicht, dass es einen ‚dritten Weg' (zwischen Kapitalismus und Kommunismus), bei dem den europäischen und hier besonders den deutschen Sozialdemokraten eine Brückenfunktion zufallen würde, nicht mehr gab. Vielleicht nie gegeben hatte, wie man hinzufügen könnte.

Parteigenossinnen und Parteigenossen! Wehe den Siegern des 24. Februar 1948! Sie ließen ihre politischen Widersacher zu Hunderten, ja zu Tausenden einsperren. Sie beraubten einen Teil der Abgeordneten der gewählten Vertreter des Volkes ihrer Mandate. Sie verprügelten Redakteure und bemächtigten sich ihrer Zeitungen. (Pfui-Rufe.) Und sie entließen Richter und Universitätsprofessoren, die ihnen nicht willfährig waren. Sie forderten die Gymnasiasten auf, Mitschüler und Lehrer anzuzeigen, (Erneute Pfui-Rufe.) die sich ketzerischer Auffassungen schuldig machten, und sie ließen das Bild eines Mannes in allen Klassenzimmern aufhängen.

Ich habe wirklich nicht vor, Sie mit einer Aufzählung über das zu langweilen, was sich 1933 und in den darauf folgenden Jahren abgespielt hatte. Wir haben uns heute mit dem zu befassen, was sich in den letzten Tagen und Wochen in der tschechoslowakischen Republik ereignete. ([Zwischenrufe:] Sehr gut!)

Wir wollen versuchen, uns die Lehre von Prag zu eigen zu machen. (...)

Wir aber sagen als deutsche, europäische und internationale Sozialdemokraten, und wir sagen es so laut, dass man es in Prag und vielleicht noch ein Stück weiter hören soll: (Lebhafter Beifall.) Wenn das, was sich jetzt in Prag abspielt, den Sozialismus verkörpern sollte, dann haben wir mit diesem Sozialismus nichts mehr zu tun. (Erneuter lebhafter Beifall.) (...)

Man hoffte, zwischen dem Osten und dem Westen vermitteln zu können. Diese Hoffnung ist zerplatzt. Von Brückentheorien ist nichts übrig geblieben. Wir stellen das ohne Schadenfreude fest. Denn wieviel leichter wäre unsere eigene Lage, wenn es möglich gewesen wäre, solche Brücken zu schlagen! ([Zurufe:] Sehr richtig!)

Seien wir aber realistisch und schauen der Wahrheit ins Auge, ob wir wollen oder nicht. Heute werden leider nicht Brücken gebaut, sondern gesprengt. ([Zurufe:] Sehr wahr!)

Es muss einer späteren Entwicklung vorbehalten bleiben, lebendige Verbindungen zwischen der östlichen und der westlichen Welt neu herzustellen. ([Zurufe: Sehr richtig!)

Die erste Voraussetzung dafür ist heute, dass wir in unserem Teil Europas und der Welt Ordnung schaffen, dass wir unsere eigenen Reihen ordnen und keinen Schritt zurückweichen. (Zustimmung. – Beifall.)[11]

Noch bevor die Berlin-Blockade durch die Sowjetunion im Juni 1948 einsetzte, war Brandt klar, dass die Viersektorenstadt mehr und mehr in den Mittelpunkt des Zeitgeschehens rücken würde, schrieb er doch bereits im April 1948 an Rut:

Wenn Berlin aufgegeben wird, hat das verhängnisvolle Konsequenzen für den Rest Deutschlands und für ganz Westeuropa. Deswegen können die Westalliierten auch nicht fort von hier, selbst wenn sich die anderen alle möglichen Schwierigkeiten in Bezug auf den Transport und die übrige Kommunikation ausdenken. Ich glaube sogar, dass es nur eine Möglichkeit gibt, um die Westmächte aus Berlin herauszubekommen, und zwar wenn es zum Krieg kommen sollte. Wie Du weißt, halte ich das für wenig wahrscheinlich.[12]

Mit diesen Auffassungen war Willy Brandt nicht der ‚junge Mann' von Ernst Reuter geworden, den er bereits im bitterkalten Winter 1946/47 bei Annedore Leber kennen gelernt hatte. Erst zu Beginn der 1950er Jahre gewann er eine politische Nähe zu Reuter, aber zu dieser Zeit war er dann im politischen Sinne kein ‚junger Mann' mehr, sondern ein Politiker mit immer eigenständigeren Konturen. Mit Kurt Schumacher kam er von Anfang an mental nicht zurecht, wenngleich er dessen Bedeutung für die Sozialdemokratie nicht verkannte. Aber zunehmend fand er Schumachers Politik inhaltlich, besonders dessen Deutschland- und Europa-Politik, höchst problematisch, in ihrer Form zu kompliziert und damit schwer vermittelbar. Andere dachten wie er; aber es fand sich in der Führungsgarnitur der Partei niemand, der es gewagt hätte, Schumacher gegenüber einen Konfrontationskurs einzuschlagen, auch Ernst Reuter nicht. Und Schumacher gegenüber war Brandt eben doch noch ein (wenn auch nicht ‚sein') ‚junger Mann'.[13]

Gerade Schumacher stützte Franz Neumann, der bei allen Verdiensten hinter den politischen Erfordernissen der Zeit mehr und mehr zurückblieb. Neumann galt als ‚Linker' – im alten traditionalistischen Sinne stimmte das auch; und je mehr er sich zum Intimfeind Willy Brandts aufbaute, wurde Brandt als ‚Rechter' abgestempelt, was er nicht war. Er hatte vielmehr gelernt zu unterscheiden zwischen illusionären Vorstellungen und realen Möglichkeiten. Es dauerte fast zehn Jahre, bis Brandt 1958 die Machtverhältnisse in der Berliner SPD eindeutig zu seinen Gunsten entscheiden konnte. Im Januar des Jahres 1958 wurde er zum Vorsitzenden des Berliner Landesverbandes und im Mai in den Bundesvorstand der SPD gewählt, beides nach mehreren Anläufen. Da war er bereits einige Monate (seit Oktober 1957) Regierender Bürgermeister von Berlin – die Herzen der Berliner hatte er schneller gewonnen als die seiner Partei.

Willy Brandts politischer Durchbruch, über Berlin und Bonn hinaus auch in der Welt wahrgenommen zu werden, erfolgte im November 1956 nach der Niederschlagung des Ungarn-Aufstandes durch sowjetisches Militär. Brandt gelang es am 5. November, auch ohne Lautsprecherwagen, die Demonstranten, die zum Brandenburger Tor zogen und in den Sowjet-Sektor eindringen wollten, was blutig geendet wäre, zur Umkehr zu bewegen. Damals erkannte Brandt seine Aufgabe, die Stadt, d. h. West-Berlin, möglichst heil durch immer wieder auftretende Krisen hindurch zu bringen, nicht nur der Menschen in Berlin wegen, sondern auch wegen der weltpolitischen Verknüpfungen. Es ging nicht nur um Berlin, ja es ging sogar um viel mehr als um Deutschland und seine Wiedervereinigung; der springende Punkt war ein anderer, so erklärte er schon 1955:

> *Es geht darum, das deutsche Problem unter dem Gesichtspunkt tatsächlicher oder vermeintlicher Sicherheit mit den Interessen der anderen auf einen Nenner zu bringen, durch ein System gegenseitiger Garantien womöglich einzubauen in ein umfassenderes System, an dem dann aber sowohl die Sowjetunion wie andere Länder beteiligt sein könnten.*[14]

Und das bedeutete realpolitisch, so Brandt in der gleichen Rede, dass es nur „um die Wiedervereinigung der deutschen Menschen, wo sie heute leben“ gehen konnte, im Klartext: voraussehbar wahrscheinlich ohne die Gebiete jenseits der Oder-Neiße-Linie. Diese Vermutung hatte Brandt schon vor Kriegsende ausgesprochen, in dem er darauf hinwies, dass Grenzfragen nicht als absoluter Maßstab dafür gelten dürften, ob die Entwicklung eines Volkes in vernünftiger demokratischer Richtung verlaufe oder nicht. Zur gleichen Zeit hat er in einer anderen Rede das gleiche in noch deutlicherer Form wiederholt: „dass es heilige Grenzen weder für Deutschland noch für andere Länder gibt oder gegeben hat“. Diese frühen Einsichten berührten jedoch nicht die fast zur gleichen Zeit von Brandt am Beispiel der Sudentendeutschen und der Bevölkerung der deutschen Ostgebiete vertretene und öfter wiederholte Ansicht, dass deren Vertreibungen als Unrecht zu bezeichnen seien.[15]

1956 beteiligte sich Willy Brandt wie auch der Herausgeber und die Chefredakteurin der Wochenzeitung Die Zeit, Gerd Bucerius und Marion Gräfin Dönhoff, an dem erfolglosen Versuch, die bundesdeutsche Politik dazu zu veranlassen, West-Berlin zur Hauptstadt der Bundesrepublik zu erheben. Das hätte seiner Meinung nach dazu beitragen können, der Welt die Bedeutung Berlins zu vermitteln: *Berlin als Mittelpunkt des Ringens um das ganze Deutschland zu erkennen und anzuerkennen. Durch die Haltung zu seiner Hauptstadt sagt ein Volk viel über sich selbst aus.*[16]

1959 verwarf Brandt den „Deutschland-Plan" seiner Partei, den federführend Herbert Wehner aufgelegt hatte. Der Plan sah vor, in Mitteleuropa eine entmilitarisierte und atomwaffenfreie Zone einzurichten, die von den USA und der Sowjetunion abgesichert werden und in mehreren Stufen zur Wiedervereinigung führen sollte. Als erster Schritt war eine von der BRD und der DDR paritätisch besetzte „Gesamtdeutsche Konferenz" vorgesehen. Der Plan fand weder bei den USA noch bei der UdSSR, ja selbst nicht einmal innerhalb der SPD Zustimmung. Brandt begründete seine ablehnende Haltung in einem Brief an den damaligen stellvertretenden Parteivorsitzenden Waldemar von Knoeringen:

> *Die Disengagement-Vorstellungen, die dem ersten Teil des Deutschlandplans zugrunde liegen, werden doch wohl – so wie die Dinge liegen – entweder durch Vereinbarungen der beiden Weltmächte auf höchster Ebene überspielt, oder aber man wird mit sehr viel bescheideneren Versuchen eines Auseinanderrückens der Machtblöcke beginnen. In beiden Fällen wird die erwünschte Koppelung mit politischen Lösungen jedenfalls auf kürzerer Sicht kaum zu erreichen sein. Mag sein, dass hier Chancen verspielt wurden, aber das hilft uns nicht weiter.*
>
> *Der zweite Teil des Deutschlandplans führt uns in die Irre, solange ein nicht unwesentlicher Teil unserer Freunde meint, man könne Ulbricht durch geschicktes Manövrieren oder durch <Gutzureden> zur Selbstliquidierung veranlassen. Den Gefallen wird er uns nicht tun. Er oder seinesgleichen werden dranbleiben, bis die Sowjetunion aus Gründen, die heute leider weniger zu erkennen sind als vor ein paar Jahren, einmal grünes Licht für die Wiederherstellung unserer staatlichen Einheit geben wird. Wenn man aber heute alle greifbaren Äußerungen zusammenlegt, ergibt sich der bittere Schluss, dass die Sowjetunion in der gegenwärtigen Lage und für die jetzt vorausschaubare Zukunft nicht gewillt ist, an einer annehmbaren Lösung der Deutschlandfrage mitzuwir-*

> *ken. Das ist eine böse Feststellung, Du wirst auch nicht vermuten, dass sie mich zur Resignation veranlasst, ganz im Gegenteil. Ich bin nur dafür, dass wir uns auch zu diesem Punkt in unseren Reihen bemühen, auszusprechen, was ist.*[17]

Berlin sollte ‚frei' bleiben (und möglichst auch ‚links'), wenn auch auf der labilen Grundlage eines ständig auszutarierenden Gleichgewichts der politischen Kräfte – dieses West-Berlin stand für ein nicht unausdenkbares, wenn auch in weite Ferne gerücktes, ganzes demokratisches Deutschland, stand für ein freies Europa und für die Erhaltung des Weltfriedens. Um dies zu erreichen und zu erhalten, bedurfte es nach Brandt nicht großer Pläne, gefährlicher Illusionen, schon gar nicht leer bleibender Deklamationen, sondern solider „kleiner Schritte", die den Synergieeffekt eines „Wandels durch Annäherung" hervorrufen konnten. Brandt, dem seit 1948 die Vorstellung des Baus einer „chinesischen Mauer durch Berlin" durch die SED-Diktatur nicht absurd erschien, hat nach dem Mauerbau im August 1961 mit Egon Bahr diesen politischen Weg beschritten. Dieser Weg mündete dann nach manchen Schleifen und gewiss auch Unsicherheiten im Hinblick auf seine Begehbarkeit mit Brandts Kanzlerschaft in die Realisierung der bereits in den 1950er und 1960er Jahren entworfenen Denkfigur: vom Gewaltverzicht, über ein europäisches Sicherheitssystem unter Beteiligung der beiden Weltmächte, bis hin zu einer europäischen Friedensordnung zu gelangen, in der sich eines Tages auch die deutsche Teilung aufheben lassen würde.

> *Deshalb handelt es sich bei der deutschen Frage, beim Verlangen der Deutschen nach Wiederherstellung ihrer staatlichen Einheit, um sehr viel mehr als ein legitimes Interesse nationaler Art. Es handelt sich in der Tat um das wohlverstandene gemeinsame Interesse aller, denen an der Ordnung in Europa gelegen ist und am Frieden der Welt. Natürlich weiß ich, dass die deutsche Frage heute in vielfacher Hinsicht verwoben ist in die umfassenderen Probleme der allgemeinen Sicherheit und der Beziehungen zwischen Ost und West. Darum ist mir auch bewusst, dass es weder eine isolierte noch eine plötzliche Lösung gibt und dass wir hoffen müssen auf graduelle Veränderungen, auf schrittweise Lösungen als Ergebnis zäher Auseinandersetzungen.*[18]

Berlin, so konstatierte er bereits zwei Jahre nach dem Mauerbau, *„ist nicht nur eine Weltstadt in Deutschland. Es wird wieder deutsche Hauptstadt sein oder es wird seine eigentliche Aufgabe nicht erfüllen*".[19] Aus einer solchen Sicht wird die letzte Rede Willy Brandts als Regierender Bürgermeister von Berlin im Dezember 1966 nicht als eine Abschiedsrede verstanden, sondern als Ankündigung der Fortsetzung seiner Politik auf einer anderen Ebene mit der Überschrift „Deutschland- und Ostpolitik". Brandt selbst hat die „Ostpolitik" lieber „Politik der aktiven Friedenssicherung" genannt, und da er nicht die Innen- von der Außenpolitik trennte und das Verhältnis zwischen beiden nicht hierarchisierte oder noch anders gesagt, Friede für ihn bedeutete: „im Innern und nach außen",[20] passt all dies zur Abstützung der hier gewagten These: Diese Politik bildete die Voraussetzung für Brandts Vorstellungen darüber, wie die andere, freie deutsche Republik aussehen sollte, denn ohne Frieden gab es keine Freiheit, aber neben dem Frieden war es eben „ohne Wenn und Aber" die Freiheit, die ihm wichtiger wurde als alles andere. Freilich: „Die Freiheit für viele, nicht für die wenigen."[21]

Willy Brandt hatte bereits in Skandinavien gelernt, dass die Fragestellung „Sozialismus oder Freiheit" falsch war. Vielmehr ging es darum, Freiheit durch Sozialismus zu erweitern. Wie viele andere auch hätte er deshalb seine Vorstellung von Sozialismus mit der Beifügung „freiheitlich" versehen und nicht mit jener durch die Geschichte der europäischen Sozialdemokratie seit der Revolution der Bolschewiki traditionsbestimmten Kennzeichnung „demokratisch".[22] Aus seiner Sicht war Sozialismus „weitergeführte Demokratie", zuerst nur bezogen auf die ökonomischen Verhältnisse, später erweitert zur „umfassenden Gesellschaftspolitik". So kündigte bereits das Manifest „Die Friedensziele der demokratischen Sozialisten", einem Arbeitskreis, dem Brandt führend angehörte, aus dem Jahre 1943 an: „Wir kämpfen national und international für eine sozialistische Demokratie."[23]

Wiederholt hat Brandt seine Vorstellungen von der „weitergeführten Demokratie" als Ausdruck des seinerzeitigen Verständnisses von freiheitlichem bzw. demokratischem Sozialismus 1949 sowohl in einer dem Anspruch nach programmatischen Rede auf dem Landesparteitag der Berliner SPD als auch in einem Artikel in der Zeitschrift Der Monat: Die Grundsätze der Demokratie waren „auf allen Gebieten des gesellschaftlichen Lebens anzuwenden".[24] Eingebettet waren diese Vorstellungen in das grundsätzliche Credo: „Nichts steht uns höher als die Freiheit" und: „Die Demokratie ist für uns keine Frage der Zweckmäßigkeit, sondern der Sittlichkeit". Noch in dem aufschlussreichen Interview „Zur Person" mit Günter Gaus im September 1964 kam er auf das Modell der „weitergeführten Demokratie" zurück und verknüpfte es mit den emanzipatorischen Zielen der Sozialdemokratie seit (damals) über einem Jahrhundert:

> *Aber wir können doch sagen – ich sehe es jedenfalls so –, dass diese offene, für alle Schichten offene, moderne deutsche Sozialdemokratie angeknüpft hat an das, was über ein Jahrhundert hinweg Vorstellung geblieben ist: Nämlich das Ringen darum, dass breite Schichten unseres Volkes, die Außenseiter waren, buchstäblich an den Tisch der Gesellschaft und des Staates herangeführt werden. Es bleibt die Vorstellung von einer Erweiterung der Demokratie nicht auf Rationierungskarten, sondern auf Demokratie weit ausgedehnt verstanden. Es bleibt drittens die Vorstellung von einer verantwortlichen Beeinflussung des wirtschaftlichen Geschehens, damit die Menschen nicht nur dessen Objekte sind."*[25]

Dieses von Brandt entworfene Bild einer aufgeklärten Zivilgesellschaft von Freien und Gleichen bekam nun, durch ihn selbst veranlasst, gerade in den frühen 1960er Jahren einige nicht unerhebliche Kratzer, die nicht so leicht zu erklären sind. Nach der Verabschiedung des Godesberger Programms vollzog sich in der SPD eine ‚Wende' zur ‚Gemeinsamkeitspolitik' mit der bürgerlichen Mehrheit, die ursprünglich von Herbert Wehner nur außenpolitisch gemeint war, von Fritz Erler und Willy Brandt allgemeinpolitisch erweitert wurde und zur Großen Koalition führte. Diese Wende wurde von der SPD von Formeln begleitet, die weder die Realität der Partei noch die der Gesellschaft zu decken vermochten und zudem einen riskanten ideologischen Gehalt besaßen.

„Wir sind alle *eine* Familie. Deshalb muss unser Volk endlich den Frieden mit sich selbst machen." Dieser Satz stammte von Willy Brandt, gesprochen auf dem Dortmunder Parteitag der SPD im November 1960, auf dem er zum Kanzlerkandidaten gewählt wurde. Seine Rede enthielt einen Hinweis, der den damals für Sozialdemokraten eher ungewöhnlichen Familien- und Heimat-Begriff etwas relativierte. Brandt sprach nämlich von nordeuropäischen Demokratien, von denen er während seiner Exilzeit gelernt habe, wie man einen Rechtsstaat umgestaltet „in eine wahre Heimstätte des Volkes".[26] Im Juni 1965 stellte er auf der ‚Volkspolitischen Tagung' seinen Vortrag unter die Überschrift „Sozialdemokratie und Nation" und forderte „ein gesundes nationales Selbstbewusstsein" und die Übernahme „nationaler Verantwortung" durch die Sozialdemokratie.[27] Auf dem ein Jahr später stattfindenden Parteitag der SPD in Dortmund erfuhren dann auch „die Heimatvertriebenen" von Brandt, dass es die SPD als ihre Pflicht ansehe, „alles in ihrer Kraft Stehende zu tun, um die Substanz der Nation zu erhalten", ja „dass wir alles uns Mögliche tun, so viel wie möglich von Deutschland für Deutschland zu retten".[28] Es war die Zeit, als der Vertriebenenfunktionär Herbert Hupka noch der SPD angehörte (seit 1955), für die er von 1969 bis 1972 im Bundestag saß, und auch die Zeit, in der sich die SPD vom SDS und seiner Förderergesellschaft trennte (1960/1961). Es ist schwierig zu entscheiden, was Taktik, was Anliegen gewesen ist. Bei aller Kritik an der ideologischen Unterfütterung der ‚Gemeinsamkeitspolitik' wird man im Nachhinein einräumen müssen, dass diese es gewesen ist, die die SPD regierungsfähig erscheinen ließ. So wurde denn auch die Beteiligung der SPD an der Großen Koalition, die sich innerparteilich fast zu einer Zerreißprobe gestaltete, ein Erfolg für die SPD.[29]

1969 bildeten die Auslassungen des damaligen CDU-Generalsekretärs Bruno Heck für den nunmehrigen Bundeskanzler Willy Brandt die Herausforderung, zu seinen ursprünglichen Positionen zurückzufinden, ja sie zuzuspitzen. Die CDU plädierte für eine Beschränkung der Demokratie als „Organisationsform des Staates, aber nicht für die Gesellschaft", und in der Demokratisierung sah sie „eine spezielle Form der Politisierung der Gesellschaft, Staat und Gesellschaft gleichförmig zu machen". Das führe „schließlich zu einem totalen, totalitären Staat". Und: „Demokratisierung der Gesellschaft führt zum Verlust der Freiheit".[30] Brandt nannte demgegenüber seine Position „Die Alternative":

Die Sozialdemokraten hätten seit der Gründung der Bundesrepublik „aus ihrem Selbstverständnis die restriktive, eingeengte Anwendung des Demokratie-Begriffs abgelehnt. Sie haben gemeint und meinen, dabei das Grundgesetz auf ihrer Seite zu haben: Das Grundgesetz will nicht nur die staatliche Ordnung beschreiben: es will auch sagen, dass es den demokratischen und sozialen Rechts-

staat zu verwirklichen gilt. Dies ist eine permanente Aufgabe. (...) Wir ließen uns (nach Godesberg) *und lassen uns auch heute von der Überzeugung leiten, dass die Demokratie nicht auf einen noch so wichtigen Bereich – wie den staatlichen – beschränkt bleiben, dass sie nicht auf Rationen gesetzt werden kann, sondern dass sie das ganze gesellschaftliche Leben erfassen muss. Demokratie ist, aus dieser Sicht, ein fortwährender Prozess – eine Aufgabe, an deren Verwirklichung unablässig zu arbeiten ist. (...) Für die SPD bedeutet Demokratie ein Prinzip, das alles gesellschaftliche Sein der Menschen beeinflussen und durchdringen muss. (...)* (Die Sozialdemokraten haben) *um die Frage nach der Vereinbarkeit von Sozialismus und Freiheit nicht nur gerungen, sondern sie für sich auch schlüssig beantwortet. Die sozialdemokratische Alternative bedeutet also nicht nur eine Antwort auf konservatives und alt-liberales Demokratieverständnis. Sie bedeutet auch eine entschiedene, kompromisslose Absage an den Kommunismus.*"[31]

In seinem Buch „Über den Tag hinaus" (1974) – eine Zwischenbilanz nach der Kanzlerschaft – hat Willy Brandt seine Reflexionen noch einmal gebündelt und prinzipieller ausgedrückt:

Gegen eine liberalistische Verengung des Freiheitsbegriffs setze ich die Einsicht: Es ist nur die vernünftig verstandene und sachgerecht praktizierte Demokratie, die unter den Bedingungen der modernen Industriegesellschaft die Freiheit des einzelnen gegen die erdrückende Macht wirtschaftlicher Interessen, anonymer Organisationen und bürokratischer Bevormundung schützen und stärken kann. Demokratie schafft den Raum, in dem Freiheit praktiziert werden kann. (...)

Sicher: Demokratisierung, wie ich sie verstanden wissen möchte, engt möglicherweise den Entscheidungsraum einiger ein, die bisher allein zu entscheiden hatten. Aber sie vergrößert den Entscheidungsraum der vielen, die bislang wenig oder gar nichts entscheiden konnten. Zur Freiheit, ohne die Demokratie nicht denkbar ist, gehört unabdingbar, dass der freie Bürger die Chance erhält, nicht überwiegend oder gar nur Objekt von Weisungen, sondern mehr und mehr Subjekt von Entscheidungen zu sein. (...)

In unserem Willen zu einer aktiven und expansiven Demokratie, einer expansiven und aktiven Freiheit lassen wir uns nicht beir-

> *ren: durch mehr Demokratie mehr Gerechtigkeit und Sicherung; durch mehr Gerechtigkeit und Sicherheit mehr Freiheit. Man mag dies ein anspruchsvolles Programm nennen. Aber diesen Anspruch haben nicht wir gesetzt. Er wird von der Lage der Gesellschaft am Anfang dieses Jahrhunderts, von ihren Gefahren und ihren Chancen gestellt. Wir müssen versuchen, ihm gerecht zu werden.*[32]

Für Willy Brandt war also Demokratie kein Zustand, der irgendwann erreicht war, auch kein Ordnungsbegriff als Maßstab zur Erkenntnis oder Fixierung dieses Zustandes, sondern ein Prozess: eben Demokratisierung. Mit diesem Verständnis ausgerüstet, wollte Brandt die Legitimation und das Selbstverständnis der bundesdeutschen Demokratie neu fundieren. Auch im Politikstil des sozialdemokratischen Bundeskanzlers, der auf Partizipation, Konsens, Verhandlung, Austarierung der gesellschaftlichen Interessen und moderate Formen der Konfliktaustragung zielte, zeichnete sich dies deutlich ab. Brandt war ein Bundeskanzler, der auch seine aktive Friedenspolitik als Teil der Gesellschaftspolitik betrachtete, und es war ein „gesamtgesellschaftliches Modernisierungsprojekt“, das Brandt begann.[33]

Dies war der substantielle Hintergrund jener legendär gewordenen Sätze der Regierungserklärung von Willy Brandt am 28. Oktober 1969:

> *Wir wollen mehr Demokratie wagen.*
> *Nein, wir stehen nicht am Ende unserer Demokratie, wir fangen erst richtig an.*
> *Wir wollen ein Volk der guten Nachbarn sein und werden im Innern und nach außen.*[34]

Was Willy Brandt vortrug, war nicht nur die selbstverständlich zu erwartende Abrechnung mit den Optionen der Konservativen, sondern auch die Abgrenzung von einem links-utopischen Demokratiekonzept, das bei der überwiegenden Mehrheit der Menschen in der Bundesrepublik keine Akzeptanz gefunden hätte. Erstrebten die konservativen Rechten die Einordnung der Individuen in haltende natürliche Gemeinschaften, die Bindung der sozialen Gruppen an eine hierarchisch gestufte Ordnung der Gesellschaft und die Stabilisierung von Entscheidungsstrukturen, die durch dem Individuum und der Gesellschaft vorgeordnete Institutionen bestimmt wurden, so drückte Brandts „mehr Demokratie wagen" die Hoffnungen der vernünftigen Linken aus. Und die hießen: Erweiterung der Autonomie des Einzelnen, Emanzipation von nicht mehr legitimierbarer Herrschaft, erweiterte Formen der Beteiligung von immer mehr Bürgern an den politischen Willensbildungs- und Entscheidungsprozessen – alles unter Benutzung eines als rational ausweisbaren Instrumentariums; nicht voluntaristische Akte waren beabsichtigt, sondern die Einleitung eines lange währenden historischen Prozesses.

Die Sozialdemokratie hat niemals, was ihr oft als Echo auf Willy Brandts „mehr Demokratie wagen" unterstellt wurde, die Illusion gehabt, dass eine autonom-alternative Selbstorganisierung gesellschaftlicher Gruppen mit partikularen Interessen und Zielen per se eine höhere Qualität an gesellschaftlicher Partizipation erbringen würde. Die Sozialdemokratie hat vielmehr jenen zentralen gesellschaftlichen Institutionen einen hohen Rang eingeräumt, die Teilinteressen zu kanalisieren und zum Ausgleich zu bringen in der Lage sind. Sie hat stets die gesellschaftlich legitimierte Interessenartikulation der spontanen, ungebundenen Durchsetzung von politischen Zielen vorgezogen, wie schon ein Blick auf Streik- und Massendemonstrations-Aktivitäten in ihrer Geschichte zeigt. Diese Form der institutionell gebundenen politischen Interessenvertretung gesellschaftlicher Kräfte trennte die Sozialdemokratie scharf von der damaligen Außerparlamentarischen Opposition der späten 1960er und, noch mehr, von der Alternativ-Szene der 1970er Jahre. Gesellschaftliche Veränderungen von struktureller Qualität sind eben nur auf dem Weg über gesamtgesellschaftlich wirkende Organisationen und Institutionen durchsetzbar, nicht durch eine Anarchisierung von Politik und Gesellschaft.

Bereits in der Großen Koalition 1966–1969 beginnend, zeichneten sich in der Regierungszeit des Bundeskanzlers Willy Brandt auf fast allen Gebieten der Innenpolitik die Konturen eines großen Reformwerkes ab: Schulreform, Hochschulreform, Finanzverfassungsreform, Reform der Mitbestimmung, Gemeindegebietsreform, Verwaltungsreform, Reform des öffentlichen Dienstrechtes, Raumordnungspolitik, Beginn der Umwelt- und Gleichstellungspolitik, Reform des § 218, Ehe- und Familienrechtsreform, Reform des Arbeits- und Rentenrechts sowie des Strafrechts. Nichts zeigte deutlicher die Hilflosigkeit des konservativen Lagers gegenüber dieser umfassenden Reformbewegung als die Mobilisierung der eigenen Anhänger mit platten, längst abgestandenen Parolen wie „Freiheit oder Sozialismus".

Der Versuch einer ‚Universalreform' mit dem Ziel der Verwirklichung eines sozialdemokratischen ‚Modell Deutschland' darf aber nicht vergessen machen, dass eine große Zahl von Reformprojekten nur sehr unterschiedlich verwirklicht oder auf den Weg gebracht werden konnte. Die Reformeuphorie war beträchtlich, der Nachholbedarf einer sich rasch verändernden Gesellschaft riesig. Horst Ehmke, einer, der damals „mittendrin" war, hat rückblickend darauf aufmerksam gemacht, dass es sich aufs Ganze gesehen mehr um eine Addition von Ressortaktivitäten gehandelt habe als um eine Prioritätensetzung im Rahmen eines geschlossenen Reformwerkes.[35]

Wie dem auch sei: es mag übertrieben sein, der kurzen Zeit der Kanzlerschaft von Willy Brandt den Status einer ‚nachholenden Revolution' zuzusprechen, aber ein Durchbruch war sie doch und vielleicht sogar eine ‚Umgründung' der 1949er Republik. Jedenfalls haben große Teile der Bevölkerung damals ein verändertes Lebensgefühl wahrgenommen und ausgedrückt, das politisch-kulturelle Umbrüche auslöste, die die sprichwörtliche deutsche Untertanenkultur seither massiv verändert haben. Was, epochal gesehen, geschehen war, und zwar unumkehrbar, lässt sich in einem knappen Satz ausdrücken: In der deutschen Demokratie hatte jetzt die Linke ihren Platz: „Wer links und frei sein will, muss nicht mehr auswandern, er kann mitmachen."[36] Stefan Szende, der Willy Brandt als einen jüngeren Bruder empfand, drückte dies emphatischer und bedeutungsschwangerer aus. Er schrieb Brandt wenige Tage nach der triumphal ausgegangenen Bundestagswahl vom 19. November 1972:

Die Nacht des 19. November 1972 brachte den lange ersehnten und entscheidenden Wandel in der Geschichte Deutschlands, Europas, ja, der Welt!! In jener Nacht siegte „Das andere Deutschland"! Zum ersten Mal in einer Weise, die es berechtigt macht, von einem „endgültigen" Sieg zu sprechen. In bald 130 Jahren kämpfte das „andere Deutschland" vergebens. (...) Wenn jetzt die berechtigte Hoffnung besteht, das „Das andere Deutschland" unter Deiner Führung, gestützt von seiner Jugend und seiner Intelligenz, das alte Deutschland, wenn noch nicht begraben, so doch zum hilflosen Greis geschwächt auf ein Krankenlager zwingen konnte, so geschah dieses historische Ereignis unter ausschlaggebender Mitwirkung Deiner Person, die zum unbestrittenen Symbol des „Anderen Deutschland" wurde, sein berechtigter Sprecher, auf

Grund Deiner persönlichen Eigenschaften, Deiner unbeirrbaren intellektuellen und moralischen Urteilskraft.

Das wissen Deine Partei und Deine Mitarbeiter, das weiß die Mehrheit Deines Volkes. Das bewundern Deine Freunde! Dein Stefan[37]

Nun darf man wohl berechtigt fragen, warum es so lange gedauert hat, bis Willy Brandt seinem Ziel, ein „anderes Deutschland" zu schaffen, näher kam. Die Liste der Gründe dafür ist lang und komplex. Oben an steht die Erinnerungsverweigerung der Generationen, die als Mitläufer des „Nazismus" (wie Brandt sich ausdrückte) in die erste deutsche Bundesrepublik gestolpert waren. Dabei hatte auch Brandt wie Kurt Schumacher, Fritz Erler und Carlo Schmid gleich nach dem Zusammenbruch der Nazi-Diktatur dafür plädiert, die breiten Massen der jungen, von den Nazis verführten Menschen nicht als politische Gegner zu betrachten, vielmehr empfohlen, sie mit einer versöhnenden Geste ins eigene Lager zu ziehen.[38] Aus der Erinnerungsverweigerung resultierten die massiven persönlichen Diffamierungen Brandts und damit – selbst in seiner eigenen Partei – eine kleinkarierte und kleinbürgerliche Bigotterie gegenüber dem ‚Außenseiter'. Diese Diffamierungen waren äußerst infam und meist dazu auch noch dumm, so wenn z. B. der Titel von Brandts gegen die deutsche Kollektivschuld gerichtetes Buch „Verbrecher und andere Deutsche" umgedeutet wurde in: „Deutsche und andere Verbrecher".

Eine weitere, auch nicht sehr glückliche Phase parallel zur ‚Gemeinsamkeitspolitik' brachte die Stilisierung Brandts zum deutschen Kennedy-Verschnitt und machte ihn zu einem sich selbst immer fremder werdenden Kunstprodukt. Brandt hatte bereits in den 1950er Jahren als Regierender Bürgermeister von Berlin die ständig wachsende Bedeutung der Massenmedien für den politischen Meinungsbildungsprozess entdeckt und war auch persönlich direkt in die Medien gegangen; er hatte neben zahlreichen Interviews sogar eine eigene Sendung im Sender Freies Berlin. Als dann seit Anfang der 1960er Jahre sich das Fernsehen zum dominanten Massenmedium entwickelte, hat Brandt dies offensiv angenommen und eingesetzt, wie sein erster Kanzlerwahlkampf 1961 zeigte: Da trat der junge, wortgewandte, medienwirksame, charismatische Regierende Bürgermeister wie ‚Jungsiegfried von der Spree' gegen den greisen ‚Patriarchen vom Rhein' an. Aus heutiger Sicht klingt das schön, aber seinerzeit war Jugendlichkeit noch keineswegs ein Wert an sich, vielmehr galten Erfahrung und Würde des Alters mehr. Hier setzte nun die Wahlkampfführung unter Klaus Schütz an und montierte Versatzstücke aus den USA in die Wahlkampagne. Präsident Kennedy war ja sogar noch vier Jahre jünger als Brandt und galt in seinem Land als jung und dennoch zuverlässig. So wurde Brandt zum „deutschen Kennedy“ stilisiert und die Personalisierung des Wahlkampfes seither generell verstärkt. Dies hatte aber eine Kehrseite, nämlich die bereits erwähnte massive Gegenpropaganda in Form von verletzenden Diffamierungen. 1965 wurde das Wahlkampfmuster zwar korrigiert; Brandt zeigte weniger ‚Jugendlichkeit‘, aber die Kennedy-Nähe blieb erhalten, und Brandt gelang es immer weniger, die unnatürlich aufgesetzte Stilisierung zu überspielen und glaubwürdig als er selbst zu erscheinen. Merkwürdig gehemmt, sprach er oft von sich selbst in der dritten Person.

Erst seit 1966 ist langsam eine Wende zu beobachten; der Außenminister, der Vizekanzler, der Friedenskanzler erschien nun als ein „ganz anderer“ als bisher vermutet. Aus dem ‚Vaterlandsverräter‘, dem man alles mögliche Unmögliche angehängt hatte, wurde die Ikone einer neuen Ära, der endlich erschienene Versöhner von Geist und Politik. Eine Art Brandt-Fieber machte sich breit, das an Heldenvergötterung erinnerte. Das ‚Volk‘, aufgefordert: „Willy wählen“, tat dies – Willy Brandt, wen denn sonst![39] Willy Brandt mag der erste Medienkanzler gewesen sein; aber das ging nur, weil er Eigenschaften besaß, die mit Charisma allein nicht zu erklären sind.[40] Er hatte charakterliche Substanz, die sich niederschlug in der Verknüpfung von Politik und Ethik, in dem Gespür für die politischen Wendepunkte der historischen Prozesse, in der Fähigkeit, Emotionen zu erzeugen, aber auch zu dämpfen, und er beherrschte die Verflechtung von realer Politik und deren demokratischer Legitimierung.

Am 6. Mai 1974 trat Willy Brandt als Bundeskanzler zurück: Die Solidarität der Freunde und Mitstreiter war brüchig geworden, man ließ ihn kühl im Stich, seine Partei verleugnete – teilweise, aber gewichtig – die durch ihn personifizierte Identität. Schlimmer noch: man benutzte ihn als Lockvogel für den Spion Guillaume, ließ ihn uninformiert, spionierte seinen privaten Lebenswandel aus. Allerdings ließ er sich – unverständlicherweise – so manches gefallen, trennte sich nicht von Wehner, was alle Welt für geboten hielt, vertraute Helmut Schmidt, und dies wenigstens mit Grund. War er gescheitert? Nein!

Brandts historisches Verdienst, nur mit dem Adenauers vergleichbar, ist die Rehabilitierung des deutschen Namens. Ein Land, in dem der aus der proletarischen Gegenkultur der deutschen Arbeiterschaft stammende Antifaschist Willy Brandt Kanzler werden konnte – so dachten die Politischen Klassen unserer Nachbarn und früheren politischen Gegner – musste sich von seinem nazistischen Erbe gelöst haben. Die andere, innenpolitische Seite der Medaille war, dass Brandt die heimatlose Linke in den westdeutschen Staat integrierte; so sehr, dass sie ihn 1989 gar nicht mehr lassen wollte.“

So schrieb Peter Glotz anlässlich des Todes von Willy Brandt am 8. Oktober 1992.[41]

→ Willy Brandts langem Abschied von seinem zweiten, dem norwegischen Vaterland vorausgegangen war, mit dem Ende der Nazi-Herrschaft über große Teile Europas, die Entscheidung zur Rückkehr nach Deutschland; es sollte das „andere Deutschland“ werden.

→ Undeutlich blieb zunächst noch, wo er mit diesem Projekt würde beginnen können. Berlin und die SPD bildeten schließlich den Nucleus für seine Arbeit für die andere deutsche Republik. In Berlin wirkte er von 1947 bis 1966, also fast 20 Jahre als ein Politiker, der im Interesse Berlins Deutschland- und Außenpolitik betrieb. Von scheinbaren Berliner Außenposten war seine Politik auf ganz Deutschland gerichtet und wurde zunehmend die Alternative zu Bonn.

→ Auch in der SPD, in der er nur langsam aufsteigen konnte, entwickelte er zunehmend Alternativen, so z. B. zum ‚Deutschlandplan‘ 1959. Erst nach dem Mauerbau 1961 gelang ihm die Bündelung seines außen- und innenpolitisch miteinander verknüpften Konzeptes für die andere deutsche Republik, anders als die Weimarer, anders als die Bonner, erst recht fundamental anders als die DDR.

→ Berlin konnte nur frei bleiben und wieder Deutschlands Hauptstadt werden, Deutschland nur dann sein Recht auf Selbstbestimmung finden und frei sein, wenn es gelang, mit dem festen Blick nach Westen, auch im Osten Europas Frieden zu halten und zu gestalten.

→ Dann erst würde die demokratische Gestaltung der neuen Republik einen festen Boden finden: Demokratie als fortwährender Prozess im umfassenden Sinne des Prinzips, alles gesellschaftliche Sein der Menschen zu beeinflussen und zu durchdringen. Den Beginn dieses Demokratisierungsprozesses setzte Brandt mit der Bildung der sozialliberalen Koalition 1969 unter das Motto „Wir wollen mehr Demokratie wagen".

→ Erst jetzt wurde der oft nur verzerrt als ‚Vaterlandsverräter' wahrgenommene Willy Brandt die oft übertrieben verehrte Ikone einer neuen Ära, die zum Maßstab für den weiteren Weg der deutschen Republik werden sollte. Insofern bedeutete Brandts Rücktritt vom Kanzleramt kein Scheitern. Als Vorsitzender der SPD von 1964 bis 1987 und Präsident der Sozialistischen Internationale von 1976 bis 1992 hat er sein Werk fortgesetzt.

4.
Willy Brandt – ein ganz anderer Vorsitzender einer nicht ganz einfachen Partei

Der Weg Willy Brandts zurück in die SPD dauerte mehrere Jahre. Im Oktober 1944 war der Entschluss gefasst worden, sich der SPD anzuschließen, und im November die Aufnahme in die Stockholmer sozialdemokratische Exilgruppe erfolgt. Ein Jahr später am 8. November 1945 begab sich der deutsch-norwegische Sozialdemokrat als Korrespondent des Arbeiderbladet auf die Rückreise nach Deutschland – nach 12 Jahren und sieben Monaten Exil. In Bremen konnte er Halt machen, mit seinen Stockholmer Exilfreunden August und Irmgard Enderle, die bereits seit September 1945 in der Redaktion des Weser-Kuriers tätig waren, sprechen und den Bremer Bürgermeister Wilhelm Kaisen treffen. Der ermöglichte ihm mit seinem Dienstwagen den Besuch seiner zertrümmerten Geburtsstadt Lübeck, wo er Mutter, Stiefvater und Halbbruder unversehrt wieder fand, dann fuhr er nach Nürnberg, wo am 20. November der Kriegsverbrecher-Prozess begann. In Nürnberg blieb er bis Anfang März 1946; es gelang ihm, der sich wie alle von den alliierten Militärbehörden akkreditierten Prozessbeobachter nur äußerst begrenzt frei in Deutschland bewegen durfte, einige deutsche Städte zu besuchen und dabei auch am 26. Februar 1946 auf einer Delegiertenkonferenz der SPD für die amerikanische Besatzungszone in Offenbach zum ersten Mal Kurt Schumacher zu treffen. Der Aufenthalt in Nürnberg bescherte ihm auch die damals wegen der beschränkten hygienischen Verhältnisse nicht unübliche Krankheit des Namens Krätze.

Was ihm wegen der schwierigen Kommunikationswege nicht gelang, war, regelmäßig Berichte über den Prozess nach Oslo zu senden. Sein Ausweg war, Material für ein Buch zu sammeln und dieses zu schreiben: „Verbrecher und andere Deutsche“; in diesem Buch fasste er seine bereits vor dem Zusammenbruch des Naziregimes vertretenen Auffassungen über die Ablehnung einer Kollektivschuld des deutschen Volkes zusammen mit seinen Eindrücken beim Kriegsverbrecher-Prozess und seinen Fahrten durch Deutschland. Nach einem knappen halben Jahr lag das Manuskript vor.[1]

Im März 1946 fuhr Brandt nach Oslo zurück; aber im Mai war er bereits wieder in Deutschland, genauer: auf dem ersten Nachkriegsparteitag der SPD in Hannover, diesmal als Berichterstatter für mehrere skandinavische Zeitungen und als Gastdelegierter der Landesgruppe deutscher Sozialdemokraten in Schweden und Norwegen. Zu diesem Zeitpunkt lag der durchaus lange währende Abschied von der schönen Gewöhnlichkeit des Traums von der Einheit der Arbeiterbewegung in *einer* demokratischen Partei gerade hinter ihm. Bereits im September 1945 hatten Brandt und seine Stockholmer Freunde den für sie erreichbaren SAP-Mitgliedern nun auch in Deutschland mitgeteilt, warum sie seit fast einem Jahr SPD-Mitglieder waren.

> *Wenn die totale Einheit nicht zu verwirklichen ist und die Bildung einer dritten Partei nicht in Frage kommt, so müssen wir uns für die Einordnung in eine der beiden Parteien entscheiden. Dafür kommt unserer Meinung nach nur die Sozialdemokratie in Frage. Ungeachtet dessen, wie richtig im einzelnen die von der KPD vertretenen Forderungen sein mögen, scheint uns keine Gewähr dafür zu bestehen, in ihrem Rahmen einen demokratischen, durch die Verhältnisse des eigenen Landes und den Willen der Mitgliedschaft bestimmten Prozesse der Klärung und Meinungsbildung durchführen zu können. Diese Gewähr ist bei der Sozialdemokratie in höherem Masse gegeben.*
>
> *Einigung im Rahmen der Sozialdemokratie ist die heute mögliche Etappen-Lösung des Einheitsproblems. Im sozialistischen resp. sozialdemokratischen Lager gilt es, dafür zu wirken, dass die bereits eingeleitete Aktionseinheit weiterentwickelt und von den Spitzenvertretern auf die unteren Organisationsteile ausgedehnt wird. Es gilt, jene verhängnisvolle Kampfsituation innerhalb der Arbeiterschaft zu verhindern, die wir von früher her kennen. Für die sozialistisch-kommunistische Zusammenarbeit bedarf es aber auch einer grösstmöglichen Geschlossenheit des sozialistischen Sektors. Dazu können und müssen wir beitragen. Der Rahmen der deutschen Sozialdemokratie muss durch die Einbeziehung bisher aussenstehender Kreise erweitert, ihr politischer Inhalt muss überprüft und erneuert werden.*

Die Vereinigung auf dem Boden der Sozialdemokratie ist also für uns verbunden mit einer positiven Haltung zum Problem der weiterreichenden Arbeitereinheit. Vor allem gilt es auch innerhalb der Sozialdemokratie dafür zu wirken, dass von ihrer Seite her nicht zu einer Aufspaltung der deutschen Arbeiterbewegung in eine Ost- und eine West-Partei beigetragen wird. Soll das möglich sein, so muss eine einseitige aussenpolitische Festlegung verhindert werden. Innerhalb der Grenzen, die durch die aussenpolitischen Bedingungen gesteckt werden, hat sich die Politik des demokratischen Sozialismus nach den Interessen des werktätigen Volkes im eigenen Lande zu richten.

Die Sozialdemokratie wird von einem grossen Teil der deutschen Arbeiterschaft, vor allem auch der älteren Kader in den Betrieben, traditionell als ihre Partei betrachtet. Sie kann mit beträchtlichem Zugang aus solchen Kreisen rechnen, denen die Notwendigkeit sozialistischer Lösungen ebenso geläufig geworden ist wie das Verlangen nach Sicherung der demokratischen Freiheiten. Die Sozialdemokratie hat grosse Chancen, zur führenden Partei der neuen deutschen Republik zu werden. Wenn sie das werden will und wenn sie fähig sein soll, eine fortschrittliche demokratische und sozialistische Politik zu betreiben, so muss sie sich allerdings gründlich erneuern. […][2]

Im Februar 1946, noch aus Nürnberg, hatte Willy Brandt die beiden Enderles bereits wissen lassen, „dass die bisher gemachten Erfahrungen nicht dafür sprechen, dass eine soz.-komm. Einheitspartei in der nächsten Zukunft geschaffen werden kann" – jedenfalls keine, die das Kriterium „demokratisch" verdienen würde, meinte Brandt. Als sie dann nach SBZ-Muster einer Zwangsvereinigung, wie sie später auch in anderen von der Roten Armee befreiten und zugleich beherrschten osteuropäischen Ländern, entstanden war, hat er sie, wie bereits berichtet, gegenüber Jacob Walcher als eine „Zwangseinheit" bezeichnet, die „mit undemokratischen Mitteln und teilweise sogar gewalttätigen Methoden vorangetrieben worden" sei.[3]

Die Haltung der Stockholmer ehemaligen SAP-Exilanten fand Zustimmung in London und z.B. auch in Hannover, wo Otto Brenner, der spätere IG Metall-Vorsitzende, punktgenau und ohne Kenntnis der Stockholmer Entscheidung, im September 1945 für den Anschluss an die SPD eintrat.[4] Proteste kamen außer von Walcher aus New York von den ‚Kubanern' Boris Goldenberg und Fritz Lamm. Willy Brandt empfand deren Kritik „wie eine Stimme aus dem Grabe".[5] Auch jene New Yorker Exilanten, die bereits 1942 mit Walcher gebrochen hatten, „hauptsächlich wegen dessen immer stärkerer Annäherung an die Linie" (der KPD),[6] also Joseph Lang, Erna Lang-Halbe, Paul Frölich, Rose Wolfstein-Frölich, benötigten noch eine längere Besinnung, bis sie sich in die ‚Noske'-Partei einordnen konnten. Aber dann waren sie unverdrossene Kampf-Genossen von ‚Willy'.

Auch die Stockholmer waren ja nicht ohne Bedenken in „die SP" gegangen, sondern hatten sich präzise Gedanken darüber gemacht, was sie von der SPD erwarteten, ja forderten, und hatten dies auch wiederholt ausgesprochen. Sowohl die beiden Enderles als auch Willy Brandt schwankten noch eine Weile hin und her, ob sie sich enttäuscht vorkommen sollten oder doch ziemlich zufrieden fühlen konnten. Brandt ärgerte sich über die neben Schumacher in den Parteivorstand gewählten besoldeten „Apparat-Leute", fand es sehr bedenklich, „dass die Organisationsonkel fast ganz das Feld beherrschten". Aber wieder war er es, der alles auf die entscheidenden Punkte brachte.

> *Gewiss sollen die Vertreter der Sozialdemokratie betonen, dass sie sich bei der Verfechtung des durch „Demokratie und Frieden" gekennzeichneten Programms auf eine 80-jährige Tradition stützen können. Sie sollten aber auch begreifen, dass es – bei Übernahme der wertvollen traditionellen Elemente – gilt, eine im wesentlichen* neue *Partei aufzubauen: eine Partei, die ihrer Zusammensetzung, ihrem Aufbau, ihrer willensmässigen Ausrichtung nach nicht an der Vergangenheit hängt, sondern den heutigen, völlig veränderten, gesellschaftlichen und internationalen Bedingungen Rechnung trägt. Nur eine solche Partei wird auch in der Lage sein, die Vergreisung zu überwinden und zur Partei der jungen Generation zu werden. Nicht zuletzt darum geht es.*
>
> *Beim Neuaufbau der Bewegung konnte es den ganzen Umständen entsprechend nicht anders sein als dass die überalterte Funktionär-Schicht von vor 33 fast gänzlich dominierte. So darf und kann es aber nicht bleiben. Es müsste auf den Parteiversammlungen immer wieder betont und auf Grund der lokalen Umstände erläutert werden, wie wichtig es ist, dass die* Demokratie innerhalb der Bewegung *entwickelt wird und dass es bei der Besetzung leitender Funktionen nicht nach den Bäuchen und Bärten, sondern nach den*

Köpfen zu gehen hat. Ich meine nicht, dass man engherzig sein soll, aber der innerparteilichen Diplomatie, dem Fraktionsgeist und der Cliquenwirtschaft muss der Kampf angesagt werden. (...)

Ich habe während der letzten Tage aufmerksam Referate des Gen. Schumacher gelesen. Und ich war angenehm davon überrascht, dass er die sozialistische Gesamtlinie sehr klar herausarbeitete. Er ist damit dem durchschnittlichen Stand der leitenden Funktionäre jedenfalls in Süd-Deutschland weit voraus. [...]

Aus den verschiedenen Zonen liegen Äusserungen darüber vor, dass man sich durchweg vernünftige Gedanken zu dem Problem macht, wie eine Erneuerung der Bewegung nicht zuletzt auf dem Wege über die stärkere Einbeziehung der „Intelligenz" erreicht werden kann. In der Frage der politischen Neugestaltung Deutschlands (das wir besser nicht mehr das „Reich" nennen) scheint es scharfe Gegensätze zwischen dem Berliner Einheitsstaat-Programm und etwa der den bayrischen Vorstellungen vom Föderalismus zu geben. In Wirklichkeit handelt es sich zum Teil *um einen Streit um Worte. Was ich aus Högners Mund gehört habe, ist jedenfalls kein Separatismus. Er will kulturelle und eine gewisse verwaltungsmässige Autonomie bei gleichzeitiger Konzentrierung der entscheidenden Funktionen in den Händen der Zentral-Regierung. Dass sich die tatsächliche Entwicklung schon infolge der zonenmässigen Aufteilung in Richtung auf eine* föderative *Lösung vollzieht, dürfte auch einem Teil der Berliner schon klar sein. (...) Worum es heute allerdings geht, ist, noch energischer als es bereits geschieht, auf die Durchführung der Potsdamer Beschlüsse in Bezug auf die inter-zonale Verwaltung zu drängen. Die Gefahr einer dauernden Zersplitterung ist noch nicht abgewendet. [...]*

Nun zur Einheitsfrage. Erstens ist wohl zu bemerken, dass die bisher gemachten Erfahrungen nicht dafür sprechen, dass eine soz.-komm. Einheitspartei in der nächsten Zukunft geschaffen werden kann. Die grosse Chance war im Mai-Juni vorigen Jahres gegeben. Damals hat, wie nun eindeutig feststeht, Max Fechner ein entsprechendes Angebot an das ZK (der KPD) gemacht, das jedoch leider abgelehnt wurde. Heute muss man neben anderen Faktoren auch mit der unumgänglichen Tatsache rechnen, dass die Vorgänge in der internationalen Arbeiterbewegung (und darüberhinaus im Verhältnis zwischen den Grossmächten) auf die deutsche Entwicklung abfärben. Zweitens ist es offenbar, dass der

Dezember-Vorstoss von Berlin aus wesentlich aus den Schwierigkeiten der KP zu erklären ist. Völlig falsch wäre es jedoch, die Berliner SP-Genossen als Hampelmänner zu betrachten. Richtig ist, dass sie nicht völlig frei entscheiden. Aber welcher Teil der Bewegung tut das heute? Auch in den Westzonen machen sich Aussen-Einflüsse deutlich genug bemerkbar. Die Auslandsabhängigkeit ist nun einmal das stärkste Merkmal der deutschen Entwicklung heute und noch für geraume Zeit. Diese Auslandsabhängigkeit wirkt sich verschieden aus. In der russischen Zone hat sich eine deutliche Favorisierung, nicht aber eine Monopolisierung der KP ergeben. Die SP-Presse muss sich z.B. mit viel niedrigeren Auflagen begnügen, obgleich die Partei viel stärkeren Anhang hat. Die Gewerkschaftswahlen in Berlin nahmen auch einen solchen Verlauf, dass sie das wirkliche politische Kräfteverhältnis nicht ausdrückten. Andererseits setzen sich im wirtschaftlichen Aufbau der Ostzone ausgesprochen progressive Tendenzen durch.

Es gilt die vorhandenen Tendenzen nebeneinander zu bewerten und es gilt vor allem, sich immer wieder daran zu erinnern, dass ein neues Deutschland nur dann geschaffen werden und Bestand haben kann, wenn sein Verhältnis sowohl nach dem Osten wie nach dem Westen hin geregelt ist. Es mag manchmal verlockend sein, diese oder jene Zustände in der einen oder anderen Zone schärfstens zu brandmarken. Unsere Politik darf aber nicht nur tagesaktueller Natur, sie muss auf die Zukunft ausgerichtet sein. Wir haben darauf Sicht zu nehmen, dass die Zonengrenzen fallen sollen, dass wir eine einheitliche soz. Bewegung im Gesamtmasstab schaffen wollen. Mit diesem Ziel vor Augen müssen wir auch zur Einheitsfrage Stellung nehmen. Wir müssen uns den Versuchen, die Bewegung auf eine anti-russische Linie festzulegen, ebenso widersetzen wie einer einseitigen Regelung, die allein den Wünschen, die von östlicher Seite geäussert werden, Rechnung trägt. […]

Wir sollten nun darauf drängen, dass vom Westen her die Kluft nicht vertieft wird. Es kann sich m. M. nach nicht darum handeln, dass man die vorhandenen Ansätze einer gedeihlichen Zusammenarbeit verkümmern lässt. Im Gegenteil ist zu betonen: wir sind dafür, dass eine einheitliche Arbeiterbewegung geschaffen wird. Eine einheitliche Bewegung wird allerdings nicht von einem Tag zum andern entstehen. Sie muss durch praktische, sachliche Zusammenarbeit vorbereitet werden. Bei dieser Zusammenar-

heit wird sich zeigen müssen, ob die Voraussetzungen für eine Verschmelzung tatsächlich gegeben sind. Über die prinzipiell einheitswillige Haltung darf kein Zweifel herrschen.

Klar muss aber auch sein, dass es nicht mit einfachen Leitungsabkommen über gemeinsame Listen, Programme und paritätische Ämterverteilung getan ist. Denn es ist eine Tatsache, dass die SP über eine grössere Anhängerschaft und Vertrauensreserve als die KP verfügt. Das gilt auch für die Ostzone. Das haben auch die süddeutschen Wahlen gezeigt. Die Einheitspolitik kann nicht darin bestehen, dass die SP die Mitglieder und Wähler stellt und die KP die Mehrheit der Leitungen. […]

Es braucht kein Unglück zu sein, wenn es nicht zur Verschmelzung kommt. Das hängt ja eben auch in hohem Masse von ausserdeutschen Faktoren ab. Was aber von uns abhängt, sollte getan werden, um die grösstmögliche Geschlossenheit der sozialistischen und demokratischen Kräfte für den Neuaufbau zu erreichen. Wir müssen zumindest eine Wiederholung des „Kampfes bis aufs Messer" verhindern und die praktische Zusammenarbeit in den Gewerkschaften, Betrieben, Gemeinden usw. befürworten und fördern. […][7]

1949 wechselte Brandt die Seiten innerhalb der Partei. Er war nun nicht mehr angestellter Funktionär, sondern gewählter Mandats- und Funktionsträger und damit erst richtig in der Partei angekommen: 1949 als Bundestagsabgeordneter und seit 1950 auch als Mitglied des Berliner Abgeordnetenhauses, zeitweilig (1950/51) Chefredakteur der Berliner Tageszeitung ‚Sozialdemokrat' und nicht zu vergessen seit 1949 Vorsitzender des SPD-Kreisverbandes Berlin-Wilmersdorf. Eher unterfordert empfand er sich zunächst; wenngleich: er arbeitete an seinen grundsätzlichen Positionsbestimmungen beharrlich weiter. Im Mai 1949 hielt er auf dem Berliner Landesparteitag eine lange Rede, deren Sinn es sein sollte, parallel zur Grundgesetz-Debatte eine längst fällige Programm-Diskussion in der SPD zu entfachen. In dieser Rede nahm Brandt die meisten seit 1945 diskutierten Konzepte und Begriffe auf, vertiefte sie durch historisch-programmatische Rückbindungen und unternahm den Versuch einer aus heutiger Sicht fast klassisch zu nennenden Definition des demokratischen Sozialismus.

Bei der Neubegründung unserer Partei wurde festgestellt, dass es keinen Sozialismus ohne Demokratie und ohne Menschlichkeit gibt. Das war eine eindeutige Willensäußerung unsererseits. Wir wissen, dass es in der Vergangenheit sozialistische Gedankensysteme, autoritäre und antiautoritäre, gegeben hat, die nicht demokratisch waren. Zweitens wissen wir, dass es in unserer Zeit Regime gibt, die sich zwar sozialistisch nennen, mit denen wir aber nicht in einem Atemzug genannt, geschweige denn identifiziert werden wollen. Darum sprechen wir nicht vom Sozialismus schlechthin, sondern vom demokratischen Sozialismus. In ihm vereinigen sich die Ideen der Freiheit, der Gerechtigkeit und der Ebenbürtigkeit. Die Sozialdemokratische Partei ist die Trägerin der Vereinigung dieser Ideen in unserem Lande. Damit ist nicht gesagt, dass es nicht auch noch Reserven des d e m o k r a t i s c h e n Sozialismus ausserhalb der Reihen unserer Partei geben könnte. […]

Wir brauchen formulierte Grundsätze, an denen wir unsere Tagespolitik orientieren und an die wir die hoffentlich nie erlahmende geistige Auseinandersetzung in unseren Reihen anlehnen können. Was wir demhingegen nicht brauchen können ist, um mit Wilhelm Liebknecht zu sprechen, „ein papierner Papst in Gestalt eines unfehlbaren Programms". Rückschauend sollten wir uns zunächst einen Augenblick mit den früheren programmatischen Grundlagen unserer gewiss neu begründeten, aber in sich alles wertvoll Überkommene aufnehmenden Bewegung befassen. Dazu ein freundschaftliches Wort an alle Jungen und Neuen in unseren Reihen: Wie verändert die Verhältnisse auch sein mögen, wie fremd euch die Sprache manchmal anmuten mag, ihr solltet dennoch nicht darauf verzichten, das Kommunistische Manifest und das Arbeiterprogramm mit kritischem Verstand zu lesen und euch mit dem Erfurter Programm von 1891 und dem Heidelberger Programm von 1925 vertraut zu machen. Diese und ähnliche Schriften werden euch nicht nur den Kontakt mit der Geschichte sozialistischen Denkens vermitteln, sondern auch wertvolle Anhaltspunkte für die Bestimmung des neuen Standorts geben. Neu orientieren in der Landschaft kann sich nur, wer Boden unter den Füßen hat. Manchem unserer G e g n e r könnte es übrigens auch nichts schaden, mit den Quellen Bekanntschaft zu machen, statt unausgesetzt dummes Zeug über den „totalitären Marxismus" oder die „materialistische Sozialdemokratie" nachzureden.

Bei einigen dieser Gegner handelt es sich allerdings weniger um Unwissenheit als um gnadenlose Ausnutzung von Zwangsvorstellungen, die von den Nazis großgezüchtet worden sind. […]

Die Partei des demokratischen Sozialismus wird die Partei des arbeitenden Volkes bleiben. Sie wird nicht eine „Volkspartei" im Sinne verschwommener Interessen und unklarer Zielsetzungen sein können. Aber sie wird sein müssen die im Sinne des Volksinteresses wirkende, wahrhaft nationale Partei der gesellschaftlichen Rettung durch Neugestaltung. Wir erkennen dabei ganz genau, dass wir unser nationales Programm nur mit dem Blick auf Europa und mit dem festen Willen zu internationaler Verständigung durchsetzen können. Wir wissen noch eins: dass wir keinen Führungsanspruch der Zahl allein, sondern immer nur einen Führungsanspruch stellen können, der zugleich auch durch die Qualität gerechtfertigt ist. […]

Nichts steht uns höher als die Freiheit. […]

Freiheit und Leben sind eins. Ohne Sicherheit der individuellen Rechtssphäre, ohne geistige Freiheit, ohne die moralischen Normen der Persönlichkeits-, Gemeinschafts- und Menschlichkeitswerte droht der Rückfall in die Barbarei. Nur durch Rettung der unersetzlichen Güter der abendländischen Kultur können wir Hoffnung hegen, zu höheren Formen menschlichen Zusammenlebens emporzusteigen. Aus dem bedingungslosen Bekenntnis zur Demokratie ergibt sich die Forderung, die Schranken zu durchbrechen, die den einzelnen an seinem Recht behindern, als Teil des ganzen die Formen des Zusammenlebens und der gemeinsamen Arbeit mit zu bestimmen. Das wird nur möglich sein, wenn ein immer größerer Teil der Staatsbürger nicht nur ermächtigt, sondern auch befähigt wird, an der Gestaltung der öffentlichen Dinge verantwortlich mitzuwirken.

Umgekehrt soll der einzelne im Rahmen der Gesamtheit über die volle Freiheit verfügen, sein Leben nach eigenem Ermessen zu gestalten – vorausgesetzt, dass es nicht auf Kosten anderer geschieht. […]

Die sozialistische Bewegung muss mit beiden Beinen auf dem Boden der realen Wirklichkeit stehen. Aber sie würde rückschrittlich werden, wenn sie aufhörte, eine Ideenbewegung zu sein.

Der demokratische Sozialismus ist ein in sich nicht abgeschlossenes System von Vorstellungen über eine Neugestaltung der gesellschaftlichen Verhältnisse. Sein formuliertes Programm wird immer nur die Summe gemeinsamer grundsätzlicher Überzeugungen in einer bestimmten Periode entsprechend dem jeweiligen Grad wissenschaftlicher Erkenntnis sein können. Aber diesen sich weiterentwickelnden grundsätzlichen Überzeugungen liegt eine gemeinsame Lebensanschauung zugrunde. Sie fußt auf dem Bekenntnis zur Freiheit und zum Humanismus, zum Rechtsstaat und zur sozialen Gerechtigkeit. (...)[8]

Willy Brandt kommentierte sich selbst später, er habe mit seiner Absicht „nicht viel Gegenliebe" gefunden „und ich habe mich dann – ähnlich wie Ernst Reuter – auf die aktuellen Herausforderungen konzentriert".[9] Dennoch hat Brandt in den folgenden Jahren immer wieder Gelegenheiten wahrgenommen, seine grundsätzlichen Positionen zu vermitteln, so bereits auf dem Hamburger Parteitag der SPD 1950, wo er seine Distanz zu Schumacher in der Europafrage zum Ausdruck brachte und für ein Aktionsprogramm plädierte, das dann zwei Jahre später in Dortmund beschlossen wurde und bereits Formulierungen enthielt, die sich später im Godesberger Programm von 1959 zum Teil wörtlich wieder fanden.[10] Auf dem gleichen Parteitag, auf dem Carlo Schmid über „Die SPD vor der geistigen Situation der Zeit" referierte und für die Auflösung bzw. Überwindung der traditionellen „Lager- und Solidargemeinschaft" eintrat, nahm Brandt vermittelnd Stellung. Er forderte

die Summe gemeinsamer Überzeugungen zu entwickeln, gemeinsamer Überzeugungen in einer bestimmten Periode, entsprechend dem Grad der Erkenntnisse dieser Periode und entsprechend dem Gesamtstrom der in ihr lebendigen geistigen Kräfte. Dieser sich entwickelnden grundsätzlichen Überzeugung unserer Bewegung liegt eine – und soll eine gemeinsame Lebensanschauung zugrunde liegen, die ich nicht mit Weltanschauung verwechselt sehen möchte. Für viele von uns aber ist der Sozialismus nicht nur Lebensanschauung, sondern auch Lebensinhalt, was keineswegs bedeutet, dass wir auf den ganzen Menschen Anspruch haben.[11]

Und er verwies darauf, dass eine Programm-Debatte „das Problem des Heranwachsens neuer herrschender Schichten, die Technik der Machtbehauptung und der Menschenbeeinflussung, des Wachsens des bürokratischen Elements auf allen Ebenen, nicht nur in der Wirtschaft und im Staat, stärker" herausarbeiten müsse.[12] Auf dem Parteitag der Berliner SPD 1954 hielt er noch einmal eine Grundsatzrede, in der er verdeutlichte, worauf es ihm ankam:

> *Worauf es ankommt, ist doch wohl dies: Die Sozialdemokratie ist und bleibt die Partei der kleinen Leute. Sie vertritt die Belange der Arbeitnehmer, der Arbeiter, Angestellten, Beamten – aller, die vom Ertrag ihrer Arbeit leben, und jener, die vom Ertrag eigener Arbeit ausgeschlossen sind. Viele selbständig Schaffende haben in unseren Reihen bereits ihren Platz gefunden. Für ein Bündnis zwischen den Bauern und den städtischen Arbeitnehmern haben wir gute Gründe ins Feld zu führen. Wir wissen auch um die gesellschaftliche Bedeutung jener freien Berufe, die sich zu Recht über die Unterbewertung geistiger Arbeit beklagen. Und wir vergessen nicht, was am Anfang der sozialdemokratischen Bewegung stand: Das Bündnis der Denkenden mit den Leidenden.*
>
> *Mit anderen Worten: Die Sozialdemokratie wird das Werk der Arbeiterbewegung weiterführen und vollenden helfen. Im Entwurf zur Präambel heisst es – über die Formulierung kann man meines Erachtens streiten –, aus der Partei der Arbeiterklasse, als die sie erstand, sei die Sozialdemokratie zur Partei der Nation geworden. Sie wird jedenfalls nicht eine sogenannte „Volkspartei" im Sinne verschwommener Zielsetzungen sein können. Aber sie will werden, sie soll werden zur umfassenden sozialen Volksbewegung – im Dienste einer grundlegenden Erneuerung in Wirtschaft und Gesellschaft.*[13]

Damals zählte Brandt bereits zu den Reformern in der SPD; der Kreis, zu dem neben Brandt Fritz Erler, Waldemar von Knoeringen, Heinz Kühn und auch Herbert Wehner gehörten, war keineswegs in sich kongruent, aber einig in der Absicht, die Partei zu ‚modernisieren', d. h. in ihren programmatisch zu begründenden Zielvorstellungen und in ihrer inneren Struktur auf die Höhe der gesellschaftlichen Veränderungsprozesse zu bringen und eine autoritär geführte Milieu- und Gesinnungspartei zu einer kollektiv gelenkten Arbeitnehmer-Partei bzw. unpräziser, aber geläufiger: Volkspartei umzuformen. Willy Brandt hat sich zwar nicht – nach eigener Aussage – in die Arbeit für das Godesberger Programm eingebracht, nicht zuletzt, weil er die Professoren-Besserwisserei nicht mochte, aber sich dann doch in der letzten Phase der Beratungen eingemischt. So wollte er, „dass die Erfolge der Sozialdemokratie bzw. des demokratischen Sozialismus klarer und stärker herausgestellt“ würden.[14] Zuletzt fand er, dass das Programm im ganzen

> *die Züge eines modernen, fortschrittlichen demokratischen Sozialismus, der seine eigene Geschichte gewiss nicht verleugnet, aber aus den bitteren Erfahrungen und auch den Irrtümern der letzten Jahrzehnte gelernt hat. Darum kann er auch der Grundriss für die Ordnung sein, die wir uns für ein wiedervereinigtes Deutschland vorstellen.*
>
> *Diese Ordnung muss frei sein von den Schrecken des menschenverachtenden Totalitarismus. Sie kann aber auch nicht geschaffen werden mit jenen Kräften, die mit ihren Vorstellungen noch immer tief im 19. Jahrhundert leben.*[15]

1962 wurde Willy Brandt auf dem Kölner Parteitag zum stellvertretenden Vorsitzenden gewählt; damit war der Vorsitzende der Berliner SPD und Regierende Bürgermeister von Berlin, der 1961 informeller Kanzlerkandidat seiner Partei geworden war, an der Spitze der SPD-Pyramide angekommen. Dennoch: als Erich Ollenhauer am 14. Dezember 1963, ein paar Tage vor Brandts 50. Geburtstag, starb und Brandt auf dem außerordentlichen Parteitag im Februar zum Parteivorsitzenden und gleichzeitig Kanzlerkandidaten gewählt wurde (mit 320 Stimmen, bei neun Nein- und vier ungültigen Stimmen), gab es immer noch nicht wenige, die fragten: Warum denn er?

Brandt war, von Berlin abgesehen, in der Parteiorganisation nicht verankert und in dieser Hinsicht von Wehner abhängig. Die Mehrheit der Parteimitglieder, vor allem die Funktionäre, betrachtete ihn misstrauisch, vertrat er doch den Kurs der Reformer. Dass er charismatische Autorität besaß, Medien-Unterstützung fand, die Gabe der freien Rede nutzte – all das vermischte das Misstrauen auch noch mit Neid. Seine unmittelbaren Vorgänger hatten ein nicht vergleichbares anderes Format gehabt. Schumacher hatte die Partei mit einer kleinen Gruppe engster Vertrauter straff autoritär geführt, und die Partei war ihm, dem erkennbar NS-Verfolgten, gefolgt; der gemütlich wirkende Ollenhauer, der seit seinen jungen Jahren der ‚Bewegung‘ emotional verbundene Parteisoldat, war eher einer von

5. Willy Brandt im Wahlkampf (1965)

ihnen, zumal er Jargon und Instrumente der Funktionärsbürokratie gut kannte und nutzte. Und nun kam der ganz Andere, beinahe Fremde! Er diskutiert mit seinen Beratern endlos und kollegial; auch er hat Vertraute und Mitarbeiter, aber er geht mit ihnen dialogisch um, zielgerichtet bemüht um die Erweiterung und Steigerung der gemeinsamen Problemlösungskompetenz. Entscheidungen in den Parteigremien sollen sich möglichst am Ende eines langen Diskussionsprozesses ergeben. Er hält nichts, aber auch gar nichts „von einer teutonischen Pseudoautorität" und will der Partei keine „Stromlinienförmigkeit" verordnen. Er wendet sich direkt an die Mitglieder, schreibt offene Briefe an sie, nimmt sie ernst als ‚Basis'. Er will auf die Weise innerparteiliche Konflikte begrenzen oder erst gar nicht aufkommen lassen.

Das endlose und sich wiederholende „Gequatsche" in den Parteigremien geht auch ihm auf die Nerven; aber er weiß, dass man sich darüber, „dass vieles mehrfach durchgekaut werden muss", „nicht ärgern" darf, „denn es gehört zum demokratischen Prozess". Andererseits weiß er aber auch, dass die Partei „keine endlose Diskussionsveranstaltung" sein darf, und wenn Entscheidungen gefallen sind, dann müssen sich alle, die die Partei öffentlich präsentieren, „so äußern, wie es sich aus den mehrheitlich gefassten Entschlüssen ergibt". Gleichwohl will er im Prinzip die „Freiheit der Debatte" als Parteivorsitzender garantieren. Er kennt durchaus die Mittel und Methoden der direkten kurzgeschlossenen Entscheidungsfindung: das „Herumtelefonieren", Personalentscheidungen beeinflussen, Mahnbriefe schreiben; kein politisch-administratives Alltagsgeschäft ist ihm fremd. Gleichwohl zieht er es vor, keinen direkten Streit aufkommen zu lassen und Entscheidungen erst zu fällen, wenn die Zeit reif scheint.[16] Parteibürokraten, die fortwährend fordern, was die Partei alles tun soll, ohne selbst etwas zu tun, kann er nicht ausstehen; aber er kennt ‚Organisationsmacht' gut und nutzt sie, eher verborgen.

Willy Brandts Führungsstil als Parteivorsitzender war neu und blieb einmalig, daraus folgte, dass er zu keiner Zeit unumstritten war. Fast alle aus der Führungsriege der Partei haben an ihm herumgenörgelt: voran und immer wieder Herbert Wehner, fast gleichauf Helmut Schmidt, auch Karl Schiller und sogar Fritz Erler und selbst ‚Getreue' konnten es nicht lassen, gelegentlich lautstark mitzumachen: Horst Ehmke, Günter Grass, Klaus von Dohnanyi, am wenigsten Egon Bahr, schon gar nicht der überaus loyale Holger Börner (der auch zu

Wehner und Schmidt solide Verbindungen besaß) und später kaum Peter Glotz. Da wurde bei den Nörglern die unausrottbare deutsche Sehnsucht nach dem ‚starken Mann' deutlich, bei anderen war es die Besorgnis, dass es vielleicht ohne einen solchen doch nicht gehen würde. Als zu schlapp, zu nachsichtig, zu wenig standfest fanden sie Brandt zuzeiten, aber er hat sich nicht beirren lassen; zu keinem Zeitpunkt seiner beinahe ein Vierteljahrhundert währenden ‚Parteiregentschaft' hat er seinen Führungsstil geändert.

Seine Zurückhaltung gegenüber ‚Basta'-Aktionen erschien manchmal zu bedächtig, doch steckte hinter ihr politische Klugheit: So war es ihm möglich, sich Handlungsspielräume zu erhalten und verschiedene politische Auffassungen in der Partei erfolgreich zu moderieren. Dennoch brauchte Brandt einige Jahre, um den Ruch des politischen Leichtgewichtes loszuwerden. Das gelang ihm zunehmend in dem Maße, in dem er sich von seiner ihm von den Medien vorgegebenen Helden-Rolle entfernte und als Persönlichkeit immer mehr er selbst werden konnte. Dass er zunehmend bei Wählern und Parteimitgliedern beliebter wurde, hatte mit dieser Authentizität zu tun; beides ergab Machtressourcen, die ihn auch gegenüber dem Parteiapparat unabhängiger werden ließen. Brandt gelang es auch, der Partei zu vermitteln, dass diese seine politische Heimat war, „immer mehr als eine Organisation" und der Parteivorsitz stets wichtiger als das meiste andere. Auch wurde die ethische Komponente in seinem Politikverständnis immer stärker. Gefragt, was für ihn Politik bedeute, „Pflicht, Passion oder vielleicht eine Art Krankheit?", antwortete er:

> *Krankheit hoffentlich nicht. Obwohl es natürlich Perioden, schwierige Perioden gibt, über die man nur mit einem gewissen Maß an Besessenheit hinwegkommt.*
>
> *Wenn ich mich aber zwischen Pflicht und Passion entscheiden müsste, dann eher für das zweite. Ich habe Kants kategorischen Imperativ für mich lange Zeit als „Tu deine verdammte Pflicht und Schuldigkeit!" übersetzt. Aber dann kam ich mehr dazu einzusehen, dass Politik nicht ohne Mitleidenschaft möglich ist – Mit-Leidenschaft,* compassion *im amerikanischen Sinn.*
>
> *Die Politik, die mich bewegt, ist jedenfalls nicht möglich, ohne dass man sich durch die Nöte und die Sehnsüchte der vielen bewegen lässt, die man gar nicht alle kennen kann. Ich möchte an Entscheidungen mitwirken, die den Frieden sichern, und dazu bei-*

6. Der Regierende Bürgermeister von Berlin Willy Brandt im Urlaub am Kalterer See in Südtirol (30. 11. 1963). Will McBride / Agentur Focus

tragen, dass Menschen aus den breiten Schichten des Volkes mehr Gerechtigkeit erfahren.[17]

Mit solchen Auffassungen und Verhaltensweisen war er schon weit weg von der alten, einem Tanker ähnlichen Partei und auf der Spur zu neuen Ufern mit neuen Schiffen: Er lässt zwar die nostalgisch verbrämten Reste des proletarischen Milieus unangefochten, beginnt aber, die Partei für neue soziale Bewegungskräfte zu öffnen und bringt sie damit auf den Stand der gesellschaftlichen Veränderungsprozesse, denen sie nicht mehr ausgeliefert sein soll, sondern die sie selbst mit zu gestalten vermag. Auf dem Parteitag im März 1968 in Nürnberg wird er als Parteivorsitzender wiedergewählt mit 325 Stimmen bei acht Gegenstimmen; Wehner als stellvertretender Vorsitzender erhält nur 270 Stimmen bei 57 Nein-Stimmen und einer Enthaltung; Helmut Schmidt in der gleichen Funktion bringt es auf 261 Stimmen, 68 Nein-Stimmen und drei Enthaltungen. Nach vier Jahren Parteivorsitz befand sich Willy Brandt als unbestrittene Führungskraft jenseits aller Konfliktlinien. Und die Partei wuchs: von 1969 bis 1976 um 400.000 Neueintritte.

Einige Jahre ging alles einigermaßen gut. Willy Brandt schien fest ‚auf der Zinne' der Partei zu stehen, wenngleich es ihm noch immer nicht gelungen war, die bürokratisch-organisatorischen Machtstrukturen in der Exekutive des Parteivorstands eindeutig zu seinen Gunsten zu verändern. 1972 waren in der ‚Baracke' immer noch die ‚Berliner', die Brandt einst mitgebracht hatte, eng um ihn herum versammelt, während Wehners ‚Truppe' nach wie vor die operativen Posten besetzt hielt und die anderen misstrauisch beobachtete. Kann sein, dass man auf dieser Seite Grund genug zu haben glaubte, Brandt würde die Wahlen im November 1972 nicht gewinnen können; zumindest könnte der Wunsch der Vater des Gedankens gewesen sein, der Wehner und Schmidt davon abhielt, sich in den Wahlkampf deutlich zu involvieren.

Aber erst Ende 1973 braute sich eine Führungskrise zusammen; sie wurde ausgelöst durch Herbert Wehners ostpolitischen Alleingänge und seine politisch inakzeptablen und persönlich fast beleidigenden Äußerungen über Brandt. Wehner befürchtete wohl seine Entmachtung; aber Brandt beging den folgenschweren Fehler, Wehner nicht zum Rücktritt vom Fraktionsvorsitz aufzufordern. Auch Helmut Schmidt scheute nicht vor massiver Kritik zurück und warf Brandt vor, er unternehme nichts gegen das „Bild der dauernden inneren Auseinandersetzungen", das die Partei abgebe, so dass sie bereits die Mitte der Wählerschaft verloren habe. Doch Anfang April 1974 gelang es Brandt, die politische Initiative „zurück zu gewinnen, indem er den Parteivorstand zu einer Erklärung veranlassen konnte, „die sowohl den Führungsanspruch des Vorsitzenden unmissverständlich zum Ausdruck bringt als auch die Mitglieder zu neuer Geschlossenheit auffordert".[18] Das hat ihm viel Kraft gekostet, die er für weitere Entscheidungen nicht mehr hatte: Am 24. April 1974 wird der Spion verhaftet und am 6. Mai tritt Brandt als Bundeskanzler zurück. Parteivorsitzender will er ausdrücklich bleiben. Bereits eine Woche nach dem Rücktritt erhalten die SPD-Mitglieder von ihrem Vorsitzenden einen Brief.

> *[...] Bei verschiedenen Gelegenheiten habe ich bereits erklärt, warum es mir geboten schien, vom Amt des Bundeskanzlers zurückzutreten. Es gibt keinen vernünftigen Grund, darauf in diesem Augenblick noch einmal im einzelnen einzugehen.*
>
> *Was die von der rechten Presse und anderen interessierten Kreisen angelegte Kampagne anbelangt, so kann man schon heute feststellen: Der Wust an Unterstellungen, Verdächtigungen und ehrabschneiderischen Gerüchten wird voll auf deren Urheber und Verbreiter zurückschlagen.*
>
> *Das gilt zumal für die Behauptung, ich sei aus dem Amt gedrängt worden. Kein Wort daran ist wahr.*
>
> *Wahr ist hingegen: Hier sind Kräfte am Werk, die mich moralisch vernichten und damit meine Politik und unsere ganze Partei treffen wollen. Dies wird jedoch nicht gelingen!*
>
> *Ich bin kein Säulenheiliger und habe nie behauptet, frei von menschlichen Schwächen zu sein. Aber ich werde mich durch die verwerflichen Methoden nicht unterkriegen lassen, mit denen gewisse Gegner mich – jetzt wie früher – fertigmachen möchten.*
>
> *Und ich bin sicher: Auf meiner Seite steht, über die eigene Partei hinaus, das anständige Deutschland.*
>
> *Meine Arbeitskraft kann ich jetzt stärker als bisher meinem Amt als Parteivorsitzender widmen. [...]*
>
> *Zeitweilige Schwierigkeiten unserer Partei sind kein Anlass, die Köpfe hängen zu lassen. Diese Partei hat schon grössere Probleme gemeistert. Ich rufe alle Freunde und Genossen auf: Helft mit,*

unserer Parteiarbeit einen neuen Schwung zu geben! In der Partei mitarbeiten, das muss heissen: In der Partei miteinander, *nicht* gegeneinander *zu arbeiten.*

In dieser Partei gibt es immer Raum für Diskussionen, und dazu sagen wir Ja. Aber es gibt Ausfransungen, zu denen wir Nein sagen müssen!

Wir sind – im Sinne des Godesberger Programms – eine Volkspartei und brauchen die Mitte, die über die Mehrheit entscheidet. Die Fronten müssen klar sein: Nicht nur gegenüber den Rechtsparteien, sondern auch gegenüber den Kommunisten und Ultralinken unterschiedlicher Prägung.

Die Partei muss ihre volle Schlagkraft zurückgewinnen. Dabei geht es einmal um die konkrete Verbesserung unserer Organisation, und ich bitte auf allen Ebenen zu prüfen, was schon auf kurze Sicht geschehen kann.

Dann müssen wir der Tatsache Rechnung tragen, dass die politische Auseinandersetzung heute weitgehend über die Medien ausgetragen wird. Das erfordert Konsequenzen für den Stil und die Form der innerparteilichen Auseinandersetzung. Denn sonst werden wir zum beliebig ausbeutbaren Opfer unserer eigenen politischen Gegner und ihrer Verbündeten in den grossen Konzernen.

Wir müssen schliesslich die theoretische Diskussion in unseren Reihen so führen, dass sie nicht zum bloßen Spiel für Eingeweihte und zum Ausbeutungsobjekt für Böswillige wird. Der Bezug zur praktischen Politik muss stets sichtbar bleiben, er muss für den Interessierten nachvollziehbar sein.[19]

Es folgte in der Tat bis Anfang der 1980er Jahre die Zeit der Neubestimmung des Profils der SPD durch Willy Brandt; sein Werkzeug waren dabei Grundsatzreden und Reden, die die historischen Grundlagen der Partei zum Gegenstand hatten. Bereits 1972 hatte die Arbeit am „Orientierungsrahmen 85" begonnen, der dann auf dem Mannheimer Parteitag im November 1975 beschlossen wurde. Er sollte das Godesberger Programm nicht ersetzen, sondern „der Partei und der Öffentlichkeit mehr Klarheit über das verschaffen, was insgesamt an Problemen vor uns liegt und welche Lösungsmöglichkeiten erkannt und angestrebt werden".[20]

Noch 1978 und 1979 hatte Brandt erklärt, „Godesberg gilt", aber 1984 auf dem Essener Parteitag dann doch das Signal für ein neues

Programm gesetzt: Die SPD brauche zwar „weiterhin kaum neue Grundsätze", aber doch ein neues Programm, da in dem alten zu vieles fehle, worauf aber inzwischen Antwort gegeben werden müsse, vor allem angesichts der akuten Gefahr des Wettrüstens. Doch werde man die zu erwartenden vielen Einzelergebnisse nicht zu einem stimmigen Ganzen zusammenfassen können, „ohne das Vermächtnis der Arbeiterbewegung und ohne das, was die ideelle Substanz des demokratischen Sozialismus ausmacht".[21] Der nach dem Entstehungsort so genannte Irseer Entwurf von 1987 trägt denn auch deutlich Brandts Handschrift. Parallel zu den Bemühungen Brandts um eine Neuprofilierung der SPD lief seine Absicht, die SPD einerseits für die demokratischen Teile der Außerparlamentarischen Opposition offen zu halten und sie andererseits in das Lager der Friedensbewegung zu führen. Beides ging wiederum nicht ohne Konflikte im Führungskreis der Partei ab; das reichte im Februar 1981 bis zu Vermutungen über eine Parteispaltung. Wieder, wie bereits 1973/74, gewann Brandt die Kraftprobe, freilich nicht ohne Erwägung seines Rücktritts. Die Situation der sozialliberalen Koalition und der Kurs der Partei blieben angespannt, auch für Brandt persönlich, der im Juli 1982 an seinen Freund Stefan Szende schrieb: „Manchmal denke ich, dass ich den richtigen Zeitpunkt des Ausscheidens versäumt habe."[22]

Als dann am 1. Oktober 1982 die sozialliberale Koalition zerbrach und Helmut Schmidt sich in der Folgezeit veranlasst sah, sich öffentlich über Brandt zu beschweren, konnte ihm dieser mit guten Gründen antworten, dass Schmidt wohl wissen müsse, „dass Du ohne mich kaum länger, eher wohl kürzer und vielleicht mit weniger Erfolg im Amt gewesen wärst", das gelte sowohl für die Partei als auch für das Verhältnis zum Koalitionspartner.[23] Und schließlich war es wieder Willy Brandt, der der Partei nach dem Koalitionsbruch neue Zuversicht gab und politische Perspektiven aufzeigte. Umstritten blieb allerdings auch weiter Brandts Absicht, die Partei den neuen sozialen Bewegungen zu öffnen und sie gleichzeitig handlungsfähig zu halten. Aber Brandt war nun nach dem Rückzug von Wehner und Schmidt die zentrale Führungspersönlichkeit der SPD, unterstützt von Johannes Rau, dem siegreichen NRW-Ministerpräsidenten, Hans-Jochen Vogel, der, von den Auseinandersetzungen mit den ‚Linken' in München und Bayern befreit, auf Bundesebene sehr konstruktive Arbeit leistete und vor allem von Hans Koschnik, der in dieser Zeit politisch zuverlässig und menschlich am nächsten Brandt zur Seite stand.

Willy Brandt hatte sich auch nach 1949 immer wieder einmal zu Grundsatzfragen, die das soziale Profil der SPD berührten, geäußert, so auf dem Landesparteitag der Berliner SPD 1954, auf dem er bereits die SPD als ein breites soziales Bündnis aller, „die vom Ertrag ihrer Arbeit leben, und jener, die vom Ertrag eigener Arbeit ausgeschlossen sind" entworfen hatte.[24] Schon damals zeichnete sich deutlich ab, dass es Brandt um eine soziale Öffnung der SPD analog zu den sozialstrukturellen Veränderungen, die sich in der Bundesrepublik anbahnten, ging, ja sogar sich bei ihm die Idee von einer Partei abzeichnete, die soziale Bündnisse zu schmieden in der Lage war und sich nur in diesem Sinne als ‚Volkspartei' verstehen sollte. Aber erst in den 1970er und 1980er Jahren hat dann Brandt gezielt und nachhaltig der SPD ein neues Profil zu schaffen vermocht, wenn auch nicht unbestritten. Die SPD – das war und blieb „die Partei der Freiheit", so nannte er sie 1973, so 1981, und das war beide Male bezogen auf die historische Leistung der Partei.[25] Die SPD war und blieb eine Volkspartei, so versicherte Brandt nach seinem Rücktritt als Bundeskanzler, sie sollte die „offene Partei der sozialen Demokratie" sein und sich bewusst öffnen „hin zu gesellschaftlichen Gruppen, die sich nicht von vornherein zur traditionellen Arbeiterbewegung zählen konnten", aber eine „Allerweltspartei" sollte sie nicht werden. Grundlage für diese Öffnung waren die Grundwerte und Grundforderungen, „aus denen immer wieder die geistige Einheit unserer Partei als Willens- und Aktionsgemeinschaft abzuleiten ist".[26] Zehn Jahre später hat er in seiner Abschiedsrede als Parteivorsitzender diese Grundmelodie noch einmal bestätigt: „Unsere SPD hat für alle offen zu sein, die ihren grundsätzlichen Zielen zustimmen."[27]

Diese noch sehr allgemeinen Formulierungen verdichteten sich Ende der 1970er, Anfang der 1980er Jahre zu einem analytisch unterlegten Konzept.

Wir müssen uns darüber klar sein, dass eine sozialdemokratische Volkspartei – ich könnte auch sagen: eine Integrationspartei –, also eine Partei, die fünfzig Prozent oder mehr der Wähler auf sich vereinigen will, soziale Bündnisse geradezu zimmern muss.

Die heutige SPD kann verstanden werden als ein Bündnis des großen Blocks von Facharbeitern und technischer Intelligenz auf der einen Seite mit auch wahlentscheidenden neuen Gruppen aus dem Dienstleistungsgewerbe, den „Büro-Berufen", dem öffentlichen Bereich. Ich will jetzt nicht darüber streiten, ob es sich um „neue Mittelschichten" handelt. Und schon gar nicht will ich bestreiten, dass der öffentliche Dienst im allgemeinen und das Bildungswesen im besonderen in Teilen der handelnden und sich nach aussen darstellenden Partei ganz ungewöhnlich stark vertreten sind. Vom Prinzip her haben wir die Öffnung gewollt, und wir müssen sie nach wie vor wollen; sie war Teil des Erfolgs, sie bleibt notwendig im Kampf gegen die Rückwärtsgewandten. […]

Wir müssen zur Bindung unterschiedlicher Menschen und Menschengruppen fähig bleiben. Die Interessen und politischen Willenserklärungen der „neuen" SPD sind ja ihrerseits Ausdruck und Auswirkung breiter gesellschaftlicher Strömungen in unserem Lande, die vor allem die Jugend erfasst haben – und nicht nur Schüler und Studenten, sondern in hohem Maße auch junge Arbeiter –, aber nicht nur die Jugend, sondern auch weite Teile der neuen, „angegrünten" Schichten. Das sind Strömungen, die ein geeichter Sozialdemokrat nicht eigentlich links nennen würde. Aber es sind, trotz gelegentlicher Überschneidungen und fataler Gleichklänge, erst recht nicht konservative Strömungen im Sinne der politischen Rechten. Ich will damit sagen: Es sind nicht Strömungen, die wir als Gegner zu identifizieren hätten.

Ich habe bei früherer Gelegenheit deutlich zu machen versucht, dass diese Strömungen nichts anstreben, was den Zielen des demokratischen Sozialismus fremd sein müsste. Sie wehren sich gegen den ungesteuerten Triumphzug einer Technik, die die Natur und erhaltenswerte Wohnformen zerstört. Manche wehren sich gegen die Anonymisierung des Menschen, gegen das Unmenschliche von Großstrukturen mit den dazu gehörenden Bürokratien. Manche bemühen sich um die Wiederherstellung von Lebens- und Erfahrungszusammenhängen. Sie suchen neue Formen des Zusammenlebens, neue Formen des Zusammenhangs zwischen Arbeit und Freizeit, der Zusammenführung von Arbeit und Kultur. Ich sagte und sage noch immer: Sind uns solche Ziele fremd? Sind es nicht auch unsere eigenen Ziele?

Und: Die unruhigen Jungen, die unbequemen Drängenden, sie interessieren sich und sie engagieren sich in vielen Bereichen des gesellschaftlichen und des öffentlichen Lebens – für das Haus und nicht nur für das eigene; für die Straße und was aus der nächsten Umgebung wird; dafür, was die Kinder in der Schule lernen. Und dafür, woher der Strom kommt. Sie fordern Mitwirkungsrechte. Und wiederum frage ich: Drückt sich denn da nicht eben etwas von jenem Prinzip „Mehr Demokratie wagen“ aus, das ich selbst zum Motto nahm, als wir 1969 daran gingen, den verkrusteten CDU-Staat umzuformen?

Gegenüber denen, die sich Friedensbewegung nennen, dürfen wir der Sache und der Menschen wegen keine falschen Zugeständnisse machen. Nichts kann uns veranlassen, die eigene Tradition zu verstecken. Oder von dem wegzulaufen, worum wir uns in den zurückliegenden Jahren bemüht haben. Oder der sozialdemokratisch geführten Bundesregierung ausgerechnet dann Unterstützung zu versagen, wenn sie mithilft, dass die Weltmächte endlich zu verhandeln beginnen. Aber wir sollten uns nicht gegen Menschen in Stellung bringen, die letzten Endes nichts anderes wollen als wir – und was sogar in unserem Programm steht. [...]

Ich bin dafür, unser Bündnis mit den Gewerkschaften zu vertiefen. Wir dürfen niemals zulassen, dass die Rechte der Arbeitnehmer in unserer Willensbildung in den Hintergrund gedrängt oder gespielt werden. Aber ich sage auch: Beides schliesst einander nicht aus. Die unmissverständliche Interessenvertretung der Arbeitnehmerschaft im traditionellen Sinne schliesst doch nicht aus, dass wir jenen anderen Forderungen nach mehr Qualität des Lebens nachgehen, selbst wenn diese überwiegend aus den Reihen der „neuen“ Schichten geäußert werden. Wir können beides leisten – im Sinne des Bündnisses, das wir selbst bilden.[28]

Das war für viele in der SPD im doppelten Sinne eine Brand-Rede von Brandt, und unter diesen vielen waren einige seiner langjährigen Weggenossen, an der Spitze Richard Löwenthal. Dieser formulierte sechs Thesen, die Brandts Position in Frage stellen sollten: 1. Die SPD befindet sich in einer Identitätskrise; 2. die Weltanschauung der Alternativen, die für die SPD gewonnen werden sollen, stehen der Industriegesellschaft grundsätzlich feindlich gegenüber; 3. es gibt auf der einen Seite die berufstätige Mehrheit der Gesellschaft, die keine Scheidelinie trennt, und den „Aussteigern“, die überwiegend auf Kosten der berufstätigen Mehrheit leben; 4. es gibt keine Gemeinschaft der grundlegenden Ziele zwischen Sozialdemokraten und „Aussteigern“; 5. die Ablehnung der arbeitsteiligen Gesellschaft und der Rückzug auf die „Inseln der Selbstverwirklichung“ führt zum Rückzug aus den Institutionen der Demokratie; 6. die Sozialdemokratie kann ihre Identitätskrise nur überwinden, „wenn sie sich klar für die arbeitsteilige Industriegesellschaft und gegen ihre Verteufelung, für die große Mehrheit der Berufstätigen und gegen die Randgruppe der Aussteiger entscheidet".[29] Die öffentlich gemachten Thesen unterzeichneten vor allem Gewerkschaftsführer, aber auch Annemarie Renger, Gesine Schwan und Herbert Wehner. Der Aufstand der ‚Proletarier', angeführt von dem – wie Brandt sie nannte – „Metallarbeiter" Löwenthal und der „Textilarbeiterin" Renger, brach zusammen, nicht zuletzt nachdem Wehner einmal mehr gegenüber Brandt einen halben Rückzieher gemacht hatte.[30] Brandt selber gab in seinen Erinnerungen preis, dass er in jenen Jahren Zweifel gehabt habe, „ob es richtig sei, der Partei unbedingt ihre Ränder erhalten zu sollen".[31]

Seit spätestens Mitte der 1970er Jahre hat Brandt im Zusammenhang mit der Öffnung der Partei und dem gleichzeitigen Versuch der Integration neuer sozialer Segmente die Frage nach der „Mitte" gestellt, die die SPD für sich gewinnen müsse. Ausgangspunkt war dabei für ihn die seit den 1960er Jahren sich vollziehende Abschmelzung der traditionellen Trägerschichten der Sozialdemokratie. Die Fixierung der ‚Mitte', auch: der ‚Neuen Mitte' (inzwischen: ‚Neue soziale Mitte') blieb auch bei Brandt ein Konstrukt, unter das sich verschiedene Teilmengen der Gesellschaft rubrifizieren lassen, solche nämlich, von denen vermutet wird, die Sozialdemokratie könne sie für ihre jeweils aktuellen Zielplanungen interessieren und als Wähler, vielleicht sogar als Mitglieder gewinnen: hoch qualifizierte Arbeitnehmer, innovative Mittelständler, Handwerker und andere Freiberufler, Existenzgründer, Informatiker, Ärzte, Ingenieure, Techniker und Wissenschaftler. Die Benennungen wechseln bis heute je nach dem Grund der Ansprache; denn eine sozialstrukturelle, Positionen und Berufe übergreifende Kennzeichnung ist bislang nicht gefunden worden, weil Merkmale, die alle gemeinsam haben, fehlen – das freistehende Eigentumshaus kann es ja wohl nicht sein.

Willy Brandt bewegten politisch-strategische Überlegungen: „Wir sind [...] eine Volkspartei und brauchen die Mitte, die über die Mehrheit entscheidet", ließ er die SPD-Mitglieder in seinem Brief nach dem Rücktritt als Bundeskanzler wissen.[32] Später, so auf dem Parteitag in München 1982, hat er diese Auffassung präzisiert, in dem er die Partei aufforderte: „Wir dürfen uns aus der Mitte nicht herausdefinieren, sondern müssen die linke Mitte selbst besetzen."[33] Schließlich hat er sich auch in seiner Abschiedsrede als Parteivorsitzender im Juni 1987 zur „Mitte" geäußert, und zwar definitiv:

> *Die Sozialdemokratie muss sich als Volkspartei ständig erneuern. Nur so kann sie sich als bewegende Kraft bewähren.*
>
> *Dazu gehört, dass das Bündnis, von dem ich sprach – Arbeit, Kultur, Wissenschaft – erneuert wird, dass es vital und tragfähig ist. Vielleicht ist das nicht genau die Mitte, aber die Mehrheit ist es allemal.*
>
> *Mit solchen Allgemeinheiten – an denen immer etwas richtig ist – wie zum Beispiel, dass es „auf die Mitte" ankomme, ist uns wenig gedient. Gewiss, dass nicht die Mehrheit finden kann, wer nicht in die Mitte reicht, darauf war unsereins auch schon gekommen. Ich weiss aber auch, dass sich das Harmoniebedürfnis vieler Menschen durch Besetzung des Mitte-Begriffs ausbeuten lässt. Dies haben uns geschickte Reaktionäre bis zum Überdruss vorexerziert. Mir ist der Wettlauf um das Aneignen von Begriffen zuwider. Im konkreten Fall könnte man manchmal meinen, es solle erneut ermittelt werden, wieviel Engel auf der Nadelspitze Platz hätten. Gleichwohl, das zugrunde liegende Problem politischer Psychologie muss ernstgenommen werden.*
>
> *Wenn man mit dem Mitte-Begriff nicht betrügerisch umgeht, kann man ihn für jenen Wesenskern einer Verfassung verwenden, der genügend unerfüllte Aufträge bereithält. Er mag auch für das Bemühen stehen, legitime Interessen zum Ausgleich zu bringen.*[34]

Bereits im Sommer 1986 hatte Willy Brandt mehr als nur angedeutet, dass er 1988 nicht noch einmal für den Parteivorsitz kandidieren würde; diese Ankündigung kam viel zu früh, wie er später selber einräumte. Ein so erfahrener, fast mit allen Wassern gewaschener Politiker wie er, denkt man, hätte doch die Folgen abschätzen können. Waren ihm der beinahe tägliche Gang ins Parteihaus längst leid und das Nerven zerreißende Gezerre um den Kurs der Partei eine Last geworden? Reichte es ihm nach all dem Trubel der letzten Jahre mit dieser „nicht ganz einfachen Partei"? Aber galten nicht Ankündigungen von Amtsverzicht, Rücktritt und Verzicht auf Kandidaturen als das letzte Mittel, eine ‚lahm' gewordene Position gerade noch aufrecht zu erhalten?

Brandt wartete nicht bis 1988, sondern trat am 23. März 1987 zurück, und die Modalitäten, die dazu führten, erinnern an das Jahr

1974: Da war der Spion Guillaume zwar der Anlass zum Rücktritt gewesen, aber nicht der Grund; jetzt, 1987, war eine ‚schöne Griechin' der Anlass, aber keineswegs der Grund. Margarita Mathiopoulos, 30 Jahre alt, in Bonn geboren, hatte Geschichte, Politik und Psychologie studiert und war 1986 zum Dr. phil. promoviert worden; sie sprach fünf Sprachen und war die Tochter eines bekannten griechischen sozialdemokratischen Journalisten, den das Obristenregime ins Exil gezwungen hatte. Willy Brandt, ein Freund der Familie seit dem Ende der 1950er Jahre, wollte sie als Pressesprecherin gewinnen. Die parteilose „noch nicht Sozialdemokratin", so Brandt, sagte zu. Brandts Absicht war es, mit ihr ein Zeichen zu setzen; es sollte ein weiterer Schritt zur Öffnung der Partei sein und das liberale Bürgertum, die Intelligenz und die junge kritische und zugleich individualistisch gestimmte Generation ansprechen.[35] Wenn überhaupt, dann viel zu spät, hat Willy Brandt wahrgenommen, dass die ausgewählte Person mit seiner Intention kaum kongruent war.

Die oberste Führungsgarnitur der SPD schrie auf (darin unterstützt von der Westdeutschen Allgemeinen Zeitung und der Frankfurter Rundschau): Nein, die nicht, und überhaupt sollte die Partei nicht zu grün, zu offen, zu intellektuell werden. Darunter waren auch bisherige Freunde Brandts, selbst die ‚Enkel' verhielten sich zögernd. Der Gipfel war, dass ein schreckliches Codewort die Runde machte: BMW – aufgelöst hieß das: „Brandt muss weg".[36] Brandt war wieder einmal so ganz anders gewesen als sie, eigentlich schwach und dann doch so viel stärker als sie es waren. Während er den Wertewandel der Gesellschaft, der sich in steigender Individualisierung und persönlicher Qualifikation äußerte, und das Einschmelzen der noch klassengesellschaftlich geprägten Verhaltensmustern wahrgenommen hatte, blieben sie noch in den alten abgestandenen Orientierungen befangen: der Genossenstatus bedeutete ihnen mehr als Liberalität und Weltoffenheit, und fragen darf man wohl auch, wie viel Frauen- und Ausländerfeindlichkeit insgeheim oder sogar offen mit im Spiel waren, die die sonst doch so hoch gehängte Loyalität zum Parteivorsitzenden verblassen ließen. Willy Brandt, als er sah, dass seine Autorität Stück für Stück zerbröckeln würde, trat zurück.

Der groteske Verlauf der Diskussion um eine Sprecherin ist nur ein Symptom, aber doch ein wichtiges:

- *für Disziplinlosigkeit auch verantwortlicher und erfahrener Mitglieder unserer Partei;*
- *für Rücksichtslosigkeit gegenüber denen, die in Wahlkämpfen stehen;*
- *für das Zusammenspiel Einzelner mit mehr oder weniger gegnerischen Organen der veröffentlichten Meinung;*
- *auch für den Versuch, auf verdeckte Art alte Rechnungen zu begleichen.*

Was Führungskrise genannt wird, ist für einige, die dies nicht wahrhaben wollen, der zielstrebige Versuch, die programmatische und personelle Erneuerung der Partei als Marotte des Vorsitzenden abzuhandeln. Ich stehe für diese Abart von Auseinandersetzung nicht mehr zur Verfügung. Und ich bin sicher, dass die grosse Mehrheit der Partei es ebenfalls satt hat, wie mit Parteitagsbeschlüssen umgegangen wird und Gesetze der innerparteilichen Demokratie verletzt werden.

Unter den obwaltenden Umständen halte ich es nicht für möglich, meinen Pflichten als Vorsitzender bis zum nächsten ordentlichen Parteitag gerecht werden zu können.[37]

Zum schlechten Spiel, wie eine Partei wie die SPD ihren großen Vorsitzenden verliert, hatte ein weiterer Fehler Brandts beigetragen: Er hatte die so genannte ‚Zwischengeneration' zu früh auf das politische Altenteil schicken wollen. Er meinte, die ‚Söhne' zugunsten der ‚Enkel' überspringen zu können. Aber unter den ‚Söhnen' gab es kapitale Politiker, die zu Recht auf weitere ‚höhere' Aufgaben warteten; sie hatten beachtliche Erfolge aufzuweisen, und: sie waren Brandt-Getreue; man denkt an Johannes Rau und Hans-Jochen Vogel.[38] Stattdessen erhielten die ‚Enkel' – zu ihnen werden im Allgemeinen gezählt: Oskar Lafontaine, Gerhard Schröder, Rudolf Scharping, Björn Engholm, Heidemarie Wieczorek-Zeul und Herta Däubler-Gmelin – Vorschusslorbeeren, besonders einer unter ihnen: Oskar L. War Brandt vielleicht ‚Enkel-süchtig'? Vordergründig musste das so erscheinen; doch persönliche Vorlieben oder sogar Freundschaften hatten für Brandt dann eine untergeordnete Bedeutung, wenn es um die Partei und ihre Zukunft ging. Sicher beeindruckte ihn Lafontaines „volksrednerisches Talent", und er sah in ihm einen Mann, der führen wollte. Das machte ihn in den Augen Brandts zu einer politischen Begabung, die nach ihm, Brandt, der Partei wieder Bewegungskraft geben würde.[39] Damals aber begann bereits Willy Brandts Enttäuschung über Lafontaine: der warf nämlich seinen Hut nicht in den Ring, als es um den neuen Parteivorsitzenden ging. Er wollte, heißt es, sich nicht drängen lassen; er zögerte, weil er ahnte, dass sich die gestandene mittlere Generation nicht so ohne weiteres überspringen lassen würde. Er war eben, wie Rudolf Zundel damals bemerkte, „ein kleiner Napoleon, aber mit sozialdemokratischer Sicherheitsbremse".[40]

→ 23 Jahre, vom 16. Februar 1964 bis zum 23. März 1987, stand Willy Brandt als Vorsitzender ‚auf der Zinne der Partei', länger als August Bebel. Brandt war der letzte Vorsitzende der SPD, der noch in die alte Arbeiterbewegung ‚hineingeboren' worden war, und zugleich der erste, der die Partei aus diesen Traditionen herausführte in die Form einer linken Volkspartei im Kontext neuer sozialer Bewegungen.

→ Als Parteivorsitzender sah er es als seine Pflicht an, die Partei zusammenzuhalten, und fast kein Preis war ihm dafür zu hoch. Er wollte die SPD nicht einfach zu einer Mehrheitspartei machen, es ging ihm um mehr und anderes: offen zu sein für immer neu zu zimmernde soziale Bündnisse mit allen, die grundsätzlich den Zielen der Sozialdemokratie zustimmten; ein lebendiges tragfähiges Bündnis zwischen Arbeit, Kultur und Wissenschaft sollte es sein, das die ursprünglichen Ziele der Arbeiterbewegung in eine neue Zeit einbringen sollte.

→ Partei, das bedeutete für ihn Organisation, in der auch „das avantgardistische Element" nicht fehlen sollte; doch sollte sie mehr als eine Organisation sein, vielmehr „eine breite, in der Gesellschaft wurzelnde und in den politischen Institutionen wirkende Willens- und Aktionsgemeinschaft" und auch die „parteilosen Sozialdemokraten" mit einbinden können, aber dabei ja nicht den Anspruch erheben, „für letzte Worte" zuständig sein zu wollen. Mit solchen Auffassungen war er seiner Zeit und seiner Partei oft weit voraus – wahrscheinlich bis heute.

→ An seinem Führungsstil hat er, unbeeinflusst von kleinlichen Anwürfen, die er sehr wohl registrierte, festgehalten. Es ging ihm nicht um die Exekution von legitimierter Autorität, sondern um die argumentative Integration. Die Linken in der SPD konnten sich dann vorstellen, dass er einer von ihnen war; die Rechten irritierte er oft mehr, aber auch sie waren schließlich meist mit ihm zufrieden.

→ Er selbst stand weder rechts noch links, auch nicht einfach in der ‚Mitte', sondern ein Stück über allen, aber nicht einfach ‚abgehoben', wie es manche sehen wollten. Seinen Standort kennzeichnete viel mehr seine unnachahmliche Mischung aus Distanz (die nicht Lieblosigkeit war) und Warmherzigkeit (die nicht Vertraulichkeit bedeutete). Wie hätte er sonst jener große Massenkommunikator sein können, als der er sich an entscheidenden politischen Weggabelungen bewiesen hat?

→ Im Unterschied zur Kompliziertheit der innerparteilichen Kommunikation waren seine inhaltlichen Botschaften an seine Partei eher einfach: Friede, Freiheit, soziale Gerechtigkeit, Demokratie; denn Sozialismus bedeutete für ihn „im Grunde weitergeführte und vollendete Demokratie", und er teilte mit den Genossen aus der alten Arbeiterbewegung die Wut über das „schwere Versäumnis", „nicht energischer dagegen angegangen zu sein, dass der Begriff Sozialismus für diktatorische Herrschaftsformen und Kommandowirtschaft in Anspruch genommen wurde".[41]

→ Mit seinen einfachen Botschaften hat er jene Weichenstellungen für die SPD auf den Weg gebracht, die ihr ein neues Gesicht gegeben haben: mit dem Versprechen des „mehr Demokratie wagen", mit der Option für die Ablehnung des NATO-Doppelbeschlusses und dem Ausstieg aus der Atomenergie und schließlich mit noch einmal gebündelter Führungskraft bei den Vorarbeiten für das Berliner Programm von 1989. Dabei wusste er immer, wie nicht mehr viele, dass Erneuerung ohne Erinnerung bedeutete, einen Weg ohne Kompass gehen zu wollen.

→ Manche mögen nach 1987 in dem Ehrenvorsitzenden Willy Brandt weniger einen Mann der Partei als vielmehr einen ‚elder statesman' gesehen haben. Auch daran kann nicht Schlechtes für seine Partei gewesen sein, da er doch links und frei blieb und als solcher fast ohne politische Grenzen gegenüber jung und alt moralische Glaubwürdigkeit gewann – auch mit Tugenden, die bisher im deutschen Wesen nicht so üblich waren: Zweifel, große Toleranzbreite, Verständnis für Menschen, die sich nicht zum Helden geboren fühlen, Kraft zum Abwägen, Mut zum Zögern und Bereitschaft, Fehler und Versäumnisse einzuräumen.

7. Willy Brandt hat die Nachricht von der Verleihung des Friedensnobelpreises erhalten (20. 10. 1971)

5.
Freiheit und Nation. Willy Brandts Vorstellung vom „anderen Deutschland" – nach Hitler

Peter Merseburger, der bislang profundeste Biograf Willy Brandts, muss es ja, so denkt man, wissen: „Willy Brandt war unstreitig ein Patriot, das Motiv für seine Ostpolitik war ein durch und durch nationales. Wenn Deutsche über Mauern und Grenzsperren hinweg zueinander kämen, dies seine These, dann würde trotz der deutschen Teilung wenigstens das Bewusstsein lebendig erhalten, einer gemeinsamen Nation anzugehören. Sein erklärtes Ziel war, die Folgen der deutschen Spaltung für die Menschen erträglich zu machen – bis zu jenem fernen Tag, an dem sich die Einheit vielleicht doch wiedergewinnen ließe."[1] Was Merseburger schreibt, trifft sich der Intention nach mit dem, was Brigitte Seebacher in ihrem Buch über Willy Brandt nicht müde wird, uns zu vermitteln: Die „nationale Frage" war (neben der sozialen) „das Kontinuum im Denken W. B.'s". Bereits während des Spanischen Bürgerkriegs bzw. in der Auseinandersetzung mit der politischen Strategie der POUM, der Bruderpartei der SAP, im Jahre 1937 zeigte sich, dass für Willy Brandt „die nationale Befreiung wichtiger geworden war als die soziale Umwälzung". In dem 1945/46 geschriebenen Buch „Verbrecher und andere Deutsche" habe er „bekannte Elemente seiner nationalen Einstellung" gesammelt und sie „neu zusammen" gesetzt. „Sein eigentliches Thema hieß nicht Berlin. Es hieß Deutschland." Sein Amt in Berlin kam „einer nationalen Aufgabe" gleich. „Inbegriff seines politischen Wollens" war ihm „der Kampf um ‚persönliche, soziale und nationale Freiheit'". Im November 1989 war „das Verlangen des Volkes sein Verlangen". Und: „Die nationalrevolutionären Ereignisse empfand er, als schließe sich sein eigener Lebenskreis."[2] Wer nun eine Erklärung dafür sucht, was denn „national" oder gar „nationalrevolutionär" bedeuten könnte, findet bei Seebacher den Satz: „Immer, sein Leben lang, hatte er den Nationalsozialismus als anti-national empfunden. Es war die Konstante seines Denkens und Fühlens."[3]

Dieser Satz eröffnet die Möglichkeit, über Willy Brandt auch anders zu denken. Brandt war ein Deutscher, ja, aber eben ein ganz anderer, jedenfalls kein ‚nationaler' in dem Sinne, wie die deutsche Geschichte seit dem 19. Jahrhundert dies nahe legen würde. Sein Deutschsein hatte ganz andere Wurzeln: dort nämlich, wo Freiheit und Nation ursprunghaft mit einander verknüpft waren, als Freiheit dem Nationalen seinen Sinn gab, und so war denn auch in seinem, dem 20. Jahrhundert, Freiheit die Bedingung für Einheit auch der Deutschen in einer Nation. Vor diesem Hintergrund konnte er 1971 bei der Verleihung des Friedensnobelpreises in Oslo erklären:

> *Ich sage hier wie zu Hause: Ein guter Deutscher kann kein Nationalist sein. Ein guter Deutscher weiß, dass er sich einer europäischen Bestimmung nicht versagen kann. Durch Europa kehrt Deutschland heim zu sich selbst und den aufbauenden Kräften seiner Geschichte. Unser Europa, aus der Erfahrung von Leiden und Scheitern geboren, ist der bindende Auftrag der Vernunft.*[4]

Damals, 1971, war längst klar: Willy Brandt war immer frei gewesen und würde immer frei bleiben von Versuchungen, von denen es nach 1945 genug gegeben hatte, „den Deutschen das trügerische Gefühl einer neuen Identität zurückzugeben"[5], einer neuen Identität, die im Grunde die alte bleiben würde. Brandt ging es vielmehr darum, die Deutschen zu einem neuen, kritischen und auch ganz anders begründeten nationalen Selbstverständnis hin zu leiten. Brandt, so sieht es auch Einhart Lorenz, verstand sich während des Zweiten Weltkrieges und auch danach, als er ‚heimgekehrt' war, als Europäer und Internationalist, der für ein demokratisches Deutschland arbeitete und helfen wollte, Deutschland nach Europa zurückzuführen; denn er wusste, dass es eine gesamteuropäische Lösung nicht ohne Deutschland geben konnte. Deshalb musste Deutschland „europäisiert" werden.[6] Es ist wohl ganz zutreffend gesehen, wenn man annimmt, dass hierin die Motivation für seine Entscheidung für Deutschland und für Berlin und nicht für Genf und was immer sich noch geboten hätte, gelegen hat. Auf die Kontinuität seines politischen Denkens hinweisend, schrieb er seinen politischen Freunden im November 1946, fast schon auf dem Weg nach Berlin:

> *Seit Jahr und Tag habe ich zur Richtschnur meines politischen Handelns gemacht, nicht von einem engen nationalen Stand-*

punkt aus Stellung zu nehmen. Jeder von Euch begreift, dass auch und gerade das Schicksal des um seine neuen Lebensgrundlagen ringenden Deutschland in hohem Masse auf internationaler Ebene entschieden wird. Ihr sollt aber bei dieser Gelegenheit ausdrücklich wissen, dass meine innere Haltung zur deutschen sozialistischen Bewegung die gleiche wie früher ist und es auch bleiben wird.[7]

In seinem vornehmlich an die skandinavischen Leser gerichteten, 1946 erschienenen Buch „Verbrecher und andere Deutsche" vertrat er ebenfalls die Auffassung, dass Deutschland „in einen größeren europäischen und internationalen Zusammenhang eingeordnet" werden müsse: er riet den deutschen Nazigegnern, bei ihrem Bemühen um die Vertretung deutscher Interessen, „ganz einfach die Interessen des arbeitenden Deutschland im Rahmen gemeinsamer Interessen" wahrzunehmen, und er riet den Siegern, der bedingungslosen Kapitulation der Nazis nicht „die würdelose Unterwerfung der Nazigegner" folgen zu lassen:

Es kommt darauf an, der europäischen Jugend, die in Deutschland heranwächst, ein neues Ideal zu geben, für das sie arbeiten kann. Deutsche Europäer und Weltbürger haben früher wenig Glück gehabt. Das ist kein Grund, ihre Arbeit nicht wieder aufzunehmen. Der Freiheitsfaden in der deutschen Geschichte muss weiter gesponnen werden. Deutsche Nazigegner gingen nicht in erster Linie für eine nationale Sache in den Tod, sondern für das, was sie als internationale menschliche Ziele auffassten. […] Die Nazis versuchten, Europa zu verdeutschen. Jetzt kommt es darauf an, Deutschland zu europäisieren. Das geschieht nicht durch eine Zerstückelung … Das Problem Deutschlands kann nur dadurch gelöst werden, dass man West, Ost – und das, was in der Mitte liegt – vereint. Es kann nur auf der Grundlage von Freiheit und Demokratie gelöst werden.[8]

War Willy Brandt nun nicht wenigstens ein ‚Patriot', um in der gängigen Nomenklatur zu bleiben? Sicher war er einer: ein linker, ein europäischer und ein durch und durch demokratischer, einer, der in Deutschland europäische Demokratie lebte, wie es einmal Erhard Eppler treffend ausgedrückt hat,[9] einer, der heimkehrte, weil er Deutscher sein wollte, bei dem aber „Deutsches und Europäisches" zusammenfiel. Sein deutscher Patriotismus beruhte auf der Überzeugung, dass nur ein auf Freiheit, Demokratie und Sozialismus (so wie er diesen zu verstehen gelernt hatte) gegründetes Deutschland dauerhaft in Europa wieder erstehen konnte. Sein deutscher Patriotismus war einer in europäischen Farben, der ein wenig an die in der Revolution von 1848 begründete und an Wilhelm Liebknecht und August Bebel gebundene Tradition der Arbeiterbewegung in Deutschland erinnerte. Aus dieser historisch-politischen Verortung heraus musste Brandt keine Scheu haben zu bestimmen, was ‚Nation' bedeutete und was nicht, wie er auf dem SPD-Parteitag im Juni 1966 in Dortmund ausführte – fünf Jahre nach dem Mauerbau durch Berlin, der aus der Teilung Deutschlands zwei deutsche Staaten gemacht hatte, die auf dem Wege schienen, zwei Nationen zu werden.

> *Ein Blick nach England, in die skandinavischen Länder, auch nach Amerika zeigt, dass Demokratie und Nation kein Widerspruch sind. Kein Volk kann auf die Dauer leben, ohne sein inneres Gleichgewicht zu verlieren. Ohne in Stunden der inneren und äußeren Anfechtung zu stolpern, wenn es nicht ja sagen kann zum Vaterland. Wir Deutsche dürfen nicht die Geschichte vergessen. Aber wir können auch nicht ständig mit Schuldbekenntnissen herumlaufen, die junge Generation noch viel weniger als die ältere. Auch wenn der Nationalstaat als Organisationsform gewiss nicht das letzte Ziel politischer Ordnung bleibt, die Nation bleibt eine primäre Schicksalsgemeinschaft.*
>
> *Dabei wissen wir, ...dass der Nationalstaat Existenz und Sicherheit eines Volkes nicht mehr allein gewährleisten kann. Übernationale Zusammenschlüsse sind auch zum Wohle der Nation erforderlich, auch zu ihrem Schutz. Unser Patriotismus versteht sich zugleich als europäische und weltpolitische Aufgabe.*
>
> *Gemessen am Frieden, ist die Nation nicht mehr das höchste aller Güter.*[10]

Gerade wenn und weil dies alles bedacht werde, so Willy Brandt, „deshalb ist unser Bekenntnis zur Nation keine Gefahr". Noch in seinen Erinnerungen hat er unter Rückbezug auf diese Rede seine Position bestätigt.[11] Deshalb konnte er sogar noch auf dem SPD-Programm-Parteitag im Dezember 1989 in Berlin sagen – manche seiner Genossen haben es überhört oder überhören wollen: *„Aber Europa ist der eigentliche Gegenstand, Deutschland ein wichtiges, ein sehr wichtiges, glaube ich, Unterthema.*"[12] Für Willy Brandt war seit den Exiljahren eine wesentliche „Konstante seines Denkens und Fühlens" (Seebacher) die Wahrnehmung des „anderen Deutschland" als historisch fällige Alternative zum Wilhelminischen Reich, zum ‚Dritten Reich', ja dann auch noch später zur bürgerlich-kapitalistischen ‚Restauration'. Daraus resultierte das durchgängige Ziel seiner Deutschland- und Ostpolitik im Rahmen einer europäischen Föderation. Europa war der Ort, „in den Deutschland eingebettet und verankert werden sollte".[13]

Es stimmt: Willy Brandt hat die ‚nationale Frage' nicht erst 1989 für sich erfunden – ein vereintes demokratisches Deutschland war nicht erst der in Erfüllung gegangene Abschiedswunsch des alten Mannes. Es stimmt: Willy Brandt hat die Vereinigungsoption nie aufgegeben; aber sie leitete ihn nicht ausschließlich. Er war ein freiheitsliebender, internationaler demokratischer Sozialist, und die Inhalte seines Verständnisses von Nation und Nationalbewusstsein waren nicht zu trennen von seinen demokratischen Grundwerten, und die standen in Übereinstimmung mit dem, was das Grundgesetz vorgab: in freier Selbstbestimmung die Einheit und Freiheit Deutschlands in Europa zu vollenden. In seiner letzten Rede im Bundestag am 12. März 1992, sieben Monate vor seinem Tod, unterstrich Willy Brandt die Doppelorientierung der sozialdemokratischen Ost- und Deutschlandpolitik:

> *Wir hatten „mit einer langen Perspektive der Zweistaatlichkeit gerechnet und zu rechnen. Zumindest einige menschliche Erleichterungen … sollten bewirken, dass der Graben zwischen Deutschland und Deutschland nicht noch tiefer würde. […] Unsere Bemühungen, so unzulänglich sie gewesen sein mögen, waren in die westliche Entspannungspolitik eingebettet, die auf Sicherung des Friedens und, wo es irgend ging, auf die Wahrung der Menschenrechte abzielte und die einen gesamteuropäischen Bezugspunkt schaffen sollte." Zugleich aber galt: „Den Umbruch haben wir gewollt, nicht erst 1989. […] Jene Deutschlandpolitik, die ich mit zu verantworten habe, hatte ihre diplomatische Seite … Zugleich war sie auf Selbstbehauptung gerichtet: menschlich, national und europäisch.*

Brandt sprach dann das seiner Ansicht nach eigentliche Problem an:

> *Die Sache der Einheit, die über uns kam und die wir zu einem Gutteil immer noch vor uns haben, heißt: Zusammenfügen, neu zusammen wachsen lassen, was willkürlich und gewaltsam von einander getrennt worden war.*[14]

Brandt wies dann daraufhin, dass „die Sache erst spruchreif wurde" mit dem Zusammenbruch des sowjetischen Herrschaftssystems, den niemand „mit zuverlässiger Terminierung" habe voraussagen können. Damit machte Brandt Zusammenhänge deutlich, die heute interpretatorisches Gemeingut geworden sind: Der herrschende Kommunismus erlag nicht einer Überwältigung von außen, sondern implodierte.

> *Wir haben es erlebt, und die Welt hat es wahrgenommen: in den Ländern Mittelost- und Südosteuropas begann das Packeis kommunistisch-bürokratischer Herrschaft von unten aufzutauen, bis es schließlich zerbrach. Zusammen mit den Veränderungen in der Sowjetunion und des Verhältnisses zwischen den Weltmächten ist es zu jenem Sprung im geschichtlichen Prozess gekommen, dessen Tempo einem die Worte im Munde veralten lassen.*

Diese historische Konstellation hatte die Vereinigung der beiden Teile Deutschlands ermöglicht – nochmals 40 Jahre Teilung, so formulierte es Peter Bender, und aus zwei Staaten wären zwei Nationen geworden.[15]

Bereits vor der Befreiung, also vor Kriegsende, hatten Willy Brandt und seine Stockholmer SAP-Freunde unter dem Eindruck dessen, was nach der militärischen Niederlage der Nazi-Diktatur zu erwarten war, ihre Positionen bestimmt: Zoneneinteilung und die Fragilität der antifaschistischen Kriegskoalition würden die Rahmenbedingungen für ihre Arbeit in Deutschland nach Hitler abgeben.[16] Zunächst zogen sie fast euphemistisch Lehren aus der „unvollendeten" deutschen Revolution von 1918/19 und erwarteten eine neue „deutsche Revolution in Gestalt einer demokratischen Massenbewegung". Gegenüber den Siegern wurde als Aufgabe deutscher Demokraten und Sozialisten herausgestellt, „das Recht ihres Volkes auf Selbstbestimmung im Rahmen einer internationalen Organisation zu vertreten und seine Lebensmöglichkeiten zu sichern"; zugleich wurden die

Grenzen der Zusammenarbeit mit den Besatzungsmächten markiert: Rücksichtnahme auf die Interessen des arbeitenden deutschen Volkes und Bewahrung der Einheit des deutschen Volkes.[17]

Dem Arbeiteraufstand in der DDR am 17. Juni 1953 widmete Willy Brandt eine 63 Seiten lange Broschüre, von deren Titel Brigitte Seebacher meint, er sei ein Programm gewesen: „Arbeiter und Nation". Mehr noch, sie meint, Brandt habe in den Aufstand alles hineingelegt, „was ihn seit früher Jugend erfüllte und ihm seit der Teilung auf der Seele brannte, was ihm Inbegriff seines politischen Wollens war – der Kampf um ‚persönliche, soziale und nationale Freiheit'. Er war stolz auf die machtvolle Volkserhebung … […] Es ging ihm das Herz auf, wenn er die Spontaneität der Massen beschwor …"[18] Von Nation ist in der Broschüre nicht viel die Rede, umso mehr von Freiheit, Demokratie und Frieden, und man spürt, dass Brandt sich bemühte, im Arbeiteraufstand des 17. Juni ein Stück des vermissten „anderen Deutschlands" zu entdecken.

> *Mit dem 17. Juni 1953 begann ein neuer Abschnitt des Ringens um die Wiedervereinigung Deutschlands. Die Arbeiter Ostberlins und der sowjetischen Besatzungszone erhoben sich zu einer machtvollen Manifestation für ein menschenwürdiges Leben. Sie traten furchtlos dafür ein, dass Deutschland auf dem Boden der Freiheit vereinigt, dass es zu einem wahrhaft demokratischen Staatsgefüge werde. Der 17. Juni ist der eindringlichste Appell an das eigene Volk und an die ganze Welt, dass es mit der Spaltung Deutschlands auf die Dauer nicht weitergehen kann. (…)*
>
> *Die zentralen Losungen waren in der ganzen Zone: Freie Wahlen! Deutsche Einheit in Freiheit! (…)*
>
> *Die Arbeiter rebellierten nicht nur gegen den Hungerlohn. Sie wollten Freiheit. Sie rüttelten nicht mehr nur an den Gefängnisgittern, sondern traten mit der Bereitschaft zur Selbstbefreiung an. (…)*
>
> *Die mitteldeutschen Arbeiter wollen die Diktatur loswerden. Aber sie wollen nicht die neue Diktatur durch eine alte Reaktion abgelöst sehen. Sie wollen nicht restaurieren, sondern demokratisieren. (…)*
>
> *Seit dem 17. Juni konnte kein Zweifel mehr darüber herrschen, dass das Ringen um die Wiedervereinigung auf dem Boden der Freiheit nicht nur als „oberstes Ziel" zu betrachten sei, sondern*

dass ihm der Vorrang vor allen anderen Vorhaben der deutschen Politik gebühre. Die Völker der Welt haben erkennen müssen, dass ein gespaltenes Deutschland eine permanente Gefahr für den Frieden bilden würde, während aus einem geeinigten Deutschland ein zuverlässiger Faktor des Friedens und der Freiheit werden könnte.[19]

Wir verdanken den Forschungen von Wolfgang Schmidt[20] die Erkenntnis, dass Willy Brandt nicht erst nach dem Mauerbau im August 1961 seine „Politik der kleinen Schritte“ angedacht hat, um die Chance der Wiedervereinigung zu bewahren, sondern bereits seit Mitte der 1950er Jahre. Damit stand er in dieser Zeit nicht auf der Seite der Politik seiner Partei, ja, er lehnte insbesondere Wehners deutschlandpolitische Vorstellungen ab; Wehner hoffte bereits damals, spätestens seit 1953, die deutsche Frage durch innerdeutsche Kontakte aus der blockierten Viermächteebene herauszulösen und den nationalen Alleingang zur Wiedervereinigung mit der DDR, also über Ost-Berlin, einschlagen zu können. Voraussetzung der Vereinigung war nach Brandt jedoch die Destabilisierung der SED-Diktatur und die Zustimmung der Sowjetunion zur Wiedervereinigung; beides besaß, wenn überhaupt, eine äußerst geringe Wahrscheinlichkeit. Der Schlüssel zur Wiedervereinigung lag nach Brandts Auffassung eben in Moskau und nicht in Ost-Berlin. Das hieß – im Kalten Krieg zumal –, dass die deutsche Teilung nur auf lange Sicht im Zuge einer Lösung des Ost-Westkonfliktes möglich und deshalb von längerer Dauer sein würde. Brandt schloss bereits seit Ende der 1940er Jahre die Möglichkeit einer Mauer durch Berlin nicht aus.[21] Deshalb musste Entspannung vor Wiedervereinigung rangieren, die feste Verankerung der Bundesrepublik im Westen als Voraussetzung für die Lösung der deutschen Frage auf internationaler Ebene bilden und die „Politik der kleinen Schritte“ zwischenzeitlich in die Richtung einer Verminderung der Spannungen wirken.[22] Brandt hat diese Deutung seiner Politik in seinen Erinnerungen bestätigt:

Es war richtig, dass wir 1948 bei der Blockade, 1958 beim Chruschtschow-Ultimatum, 1961 beim Mauerbau nicht nachgaben. Es ging um das Recht auf Selbstbestimmung. Es ging auch darum, nicht durch Selbstaufgabe eine Kettenreaktion auslösen zu helfen, die in einen militärischen Konflikt hätte münden müssen.

Insoweit irrten diejenigen, die vermuteten und vereinfachend registrierten, erst die Erfahrung mit der Mauer in Berlin habe mich zu dem Kurs der Ost- und Friedenspolitik veranlasst, den ich Anfang der siebziger Jahre gegen viel Widerstand durchsetzte. Die Folgerungen, die der Politik der kleinen Schritte in Berlin und meinen Bemühungen im Bonner Regierungsamt zugrunde lagen, befanden sich in Wirklichkeit nahe bei dem, was mir schon während des Krieges erforderlich erschienen war.[23]

Deshalb müssen die Äußerungen, damit man sich nicht irrt, vor und nach dem Mauerbau etwas anders gelesen werden als üblicherweise unter dem Eindruck, der Mauerbau sei die große Zäsur im Denken Willy Brandts gewesen, als habe sich der ‚kalte Krieger' unter der Last dieses Ereignisses zum Verständigungspolitiker gewandelt. Nein, die Kontinuität im Denken Willy Brandts ist beträchtlich. Wenn, so stellte er 1955 fest, die Spaltung doch noch andauere, dann würden die Menschen in den beiden Teilen Deutschlands „weitgehend darüber entscheiden, ob wir eine gemeinsame Zukunft als Volk haben werden oder nicht". Er forderte deshalb jeden auf, auch außerhalb der eigentlichen Politik sich um diese Beziehungen zu bemühen, um „ein kleines Stück gemeinsamen deutschen Schicksals zu gestalten und mit dazu beizutragen, dass eben doch nicht letzten Endes endgültig auseinander gerissen wird, was zusammen gehört".[24] Im gleichen Jahr wiederholte er auf dem Delegiertenkongress der Gewerkschaft der Polizei in Remagen diese Gedanken und warnte davor, die Kontakte zwischen den Menschen verloren gehen zu lassen: „...wenn wir uns völlig auseinander entwickelten in unserem Denken und Betrachten der Dinge, dann sähe es trübe aus um unsere Zukunft als e i n Volk".[25] Auf dem Programm-Parteitag der SPD im November 1959 in Bad Godesberg äußerte er zum Thema der Wiedervereinigung, dass das deutsche Volk im Sinne alter sozialistischer und demokratischer Grundgedanken zum Selbstbestimmungsrecht und zur Gleichberechtigung aller Völker ein Recht habe, die Selbstbestimmung auch für sich in Anspruch zu nehmen.[26] In seiner berühmten Tutzinger Rede im Juli 1963 nahm er den Faden auf:

Es gibt eine Lösung der deutschen Frage nur mit der Sowjetunion, nicht gegen sie. Wir können nicht unser Recht aufgeben, aber wir müssen uns damit vertraut machen, dass zu seiner Verwirklichung ein neues Verhältnis zwischen Ost und West erforderlich ist und damit auch ein neues Verhältnis zwischen Deutschland und der Sowjetunion. Dazu braucht man Zeit, aber wir können sagen, dass uns diese Zeit weniger lang und bedrückend erscheinen würde, wenn wir wüssten, dass das Leben unserer Menschen drüben und die Verbindungen zu ihnen erleichtert würden.[27]

Dann im August 1964, am 3. Jahrestag des Mauerbaus, eine Rede, die den Satz enthält, der, ein Vierteljahrhundert später, die ganze Welt bewegen wird:

Gerade uns hier in Berlin ist es aufgetragen, den Weg nach Deutschland offen zu halten. Gerade uns ist die Pflicht auferlegt, nach Kräften mitzuhelfen, dass der Menschlichkeit und der Freiheit Raum geschaffen wird.

Die Mauer muss überwunden werden. Deutschland muss vereinigt werden, damit zusammengefügt wird, was zusammengehört. Um diesen Weg muss gerungen werden, im Großen und im Kleinen.[28]

Und dann noch einmal 1976 aus dem gleichen Anlass:

Ich war und bleibe der Meinung, dass die Berliner Mauer gegen den Strom der Geschichte errichtet worden ist, ebenso wie sich die Grenze zwischen den beiden deutschen Staaten in ihrer gegenwärtigen Form als eine historische Absurdität erweisen wird.[29]

Und etwas später im selben Jahr 1976 antwortete Brandt auf die Frage „Wie stellen Sie sich Westberlin im Jahre 1990, im Jahre 2000 vor?", dass er vor 25 Jahren gesagt hätte, im Laufe eines Vierteljahrhunderts könne die Wiederherstellung der staatlichen Einheit gelöst werden.

Heute fürchte ich, zwanzig, fünfundzwanzig Jahre vorausschauend, die größere Wahrscheinlichkeit spricht dafür, dass es weiter zwei deutsche Staaten geben wird.[30]

Und schließlich im November 1989 rückblickend:

Seit dem August 1961 liegt ein weiter Weg hinter uns. Wir haben uns seinerzeit nicht mit dem Rufe begnügt, die Mauer müsse weg, sondern wir haben uns gesagt, Berlin müsse trotz der Mauer weiterleben – und der Gedanke der deutschen Einheit müsse trotz der vertieften Teilung wach gehalten werden. Nicht jeder hat gleich erkannt, wie wichtig es war, den brutalen Auswirkungen der Trennung durch noch so kleine Schritte entgegenzuwirken, solange größere nicht möglich waren. Heute gibt es über diesen Weg kaum noch Streit.[31]

Angesichts dieser klaren Linie, die Brandt selbst „während des Krieges" beginnen ließ, irritiert es, dass er sich in der zweiten Hälfte der 1980er Jahre veranlasst sah, mehrfach von der Wiedervereinigung als der „Lebenslüge" der zweiten deutschen Republik zu sprechen. Es begann im November 1984 mit einer „Rede über das eigene Land" in den Münchener Kammerspielen.[32]

Das Reden über Deutschland hat Deutschlands Einheit nicht geschaffen. Sondern das viele Reden hat fast vergessen lassen, dass es die nazistischen Führer waren, die Deutschlands Teilung bewirkten. […] Wer die Linie von damals zur Gegenwart zieht, wird objektiv festzustellen haben, dass die Deutsche Frage im Sinne der staatlichen Einheit – heute wie damals[33] *– nicht mehr eigentlich offen ist; schon gar nicht, solange es NATO und Warschauer Pakt gibt, zumal die Bundesrepublik wie die DDR im Rahmen der beiden Bündnissysteme heute ein viel größeres Gewicht haben als vor dreißig Jahren. Beide deutsche Staaten sind in diese Sicherheitssysteme so weit integriert, dass sie, zur Befriedigung aller ihrer Nachbarn, nicht fähig sind, Krieg zu beginnen; ihre Integration dient dem sogenannten Gleichgewicht zwischen Ost und West, das in all seiner Relativität von der Spannung zwischen den beiden Supermächten bestimmt ist.*

Brandt macht dann darauf aufmerksam, dass eine Ausgliederung der beiden Deutschlands aus den Paktsystemen eine „destabilisierende, gefährliche Illusion" wäre. Deshalb dränge sich die Frage auf, „warum dann um alles in der Welt noch heute darüber geredet wird, wie offen die Deutsche Frage sei". Und fast sarkastisch schließt er: *„Sonntagsreden pflegen oft – oder wieder – die Lebenslüge der fünfziger Jahre; an den restlichen sechs Wochentagen wird den westlichen Interessen der Bundesrepublik Rechnung getragen."*

In einer Rede fast vier Jahre später in Berlin in einem ähnlichen öffentlichen Zusammenhang über „Deutsche Wegmarken"[34] wurde Willy Brandt womöglich noch deutlicher, als er von der „großen Doppelillusion der deutschen Nachkriegsgeschichte – vom Provisorium und von der kurzen Dauer der Teilung" sprach. Statt sich in den 1950er Jahren mit einer veränderten weltpolitischen Realität auseinander zu setzen, „stand die Fiktion des nationalpolitisch Vergangenen hoch im Kurs". *„Durch den kalten Krieg und dessen Nachwirkungen gefördert, wurde die ‚Wiedervereinigung' zu jener spezifischen Lebenslüge der zweiten Deutschen Republik."* Wenige Tage später[35] wiederholte er die Metapher und ergänzte sie durch den Hinweis, dass das Grundgesetz nicht zur Wiedervereinigung verpflichte; in Wirklichkeit gehe es um die Verpflichtung, „in freier Selbstbestimmung die Einheit und Freiheit Deutschlands zu vollenden".

> *Damit sollte gesagt werden, dass sich das durch Hitlerkrieg und Besatzung gespaltene Volk trotz dieser Spaltung in einer Schicksalsgemeinschaft befinde. Die Einheit zu beschwören, war mehr als eine Fiktion, wiewohl wir wissen, dass die bundesrepublikanische Wirklichkeit im Verständnis vieler nicht nur Geführter, sondern auch Führender mit dem Rücken zum anderen Teil Deutschlands Gestalt annahm.*
>
> *Seit Beginn hat es eine erhebliche Verwirrung der Begriffe gegeben, und damit wurde aus Einheit ‚Wiedervereinigung'. Als ob die Geschichte und die europäische Wirklichkeit für uns eine Anknüpfung an das Bismarck-Reich bereithielt. Oder als ob sich das ganze Problem darauf reduziere, wie sich der Anschluss der DDR an die Bundesrepublik Deutschland vollziehen lasse oder vollziehen werde.*

Als sich dann schon sehr hautnah abzuzeichnen begann, wie genau dies geschehen würde, hat Willy Brandt auf dem Berliner Programm-Parteitag der SPD im Dezember 1989 versichert:[36]

> *Eine* Wieder*vereinigung von Teilen, die so noch nie zusammen waren, wird es nicht geben; eine Rückkehr zum „Reich" erst recht nicht.* Das *und nichts anderes war die „Lebenslüge" der 50er Jahre, an der ich ja auch mal beteiligt war, die aber weiter zu pflegen, ich nicht für richtig hielt. Immerhin hatte ich dabei das Grundgesetz*

auf meiner Seite; denn es spricht nicht vom „Wieder", sondern von Selbstbestimmung, von Einheit in Freiheit – und von Europa und davon, dem Frieden zu dienen.

Es ist deutlich geworden, dass Willy Brandt mit der Absage des Begriffs „Wiedervereinigung" zum Ausdruck bringen wollte, dass es mit ihm – in welcher Form und in welchen Teilen auch immer, wie offen und verbrämt auch immer – *keine* Wiederkehr des alten konservativ-nationalen Reiches Bismarckscher und/oder Wilhelminischer Ausprägung geben würde. Offensichtlich sah er immer noch und immer wieder Grund zu der Befürchtung, dass der Revanchismus und der Revisionismus in der Bundesrepublik noch nicht tot waren, und womöglich wollte er den jüngeren Generationen, die die Lektion der geschichtsnotwendigen Infragestellung jedes nationalistischen, ja überbordend nationalen Denkens gelernt hatten, eine Brücke zur Einheit bauen. Ihm, Brandt, ging es eben um ein ganz anderes neues Deutschland in Europa. Deshalb lautete am 10. November 1989 vor dem Rathaus Schöneberg, als er vom Zusammenwachsen der Teile Europas sprach, der Zusatz: „Nichts wird wieder so werden, wie es war".[37] Noch unmissverständlicher drückte er sich wenige Tage später in dem Zeit-Artikel mit der Überschrift „Wenn Europa wieder zusammenwächst" aus:[38]

Und doch handelt das eigentliche Thema vom, wie immer widerspruchsvollen, Zusammenwachsen der Teile Europas. […] Da dies auf der Tagesordnung steht, greifen allein auf Deutschland bezogene Verhaltensweisen zu kurz. Wenn es wahr ist, dass sich die Teile Europas einander annähern, wer wollte halbwegs vernünftige Gründe dafür ins Feld führen, dass Deutschland und seine Teile hiervon ausgenommen blieben.

Willy Brandt war nicht der ‚National – Demokrat', als den ihn manche gerne sehen möchten, und er brauchte keine Erhebung zum nationalen Monument; er war auch nicht am Ende seines Lebens so, wie er wirklich gewesen ist. Er war immer ein international orientierter, freiheitsliebender demokratischer Sozialist europäischer Prägung und gewiss auch emotionaler Bindung an die deutsche Kulturnation als Ausdruck seiner, einer anderen Vaterlandsliebe. Er wollte das Land, aus dem er kam, endlich, unbefragbar, aber auch ohne pathetischen

Überschuss an nationalem Identitätsbedürfnis in die Tradition des politischen Humanismus westeuropäischer Prägung einbringen.

Das war sein Patriotismus für Deutschland, für die deutsche Nation: sie endlich heraufzuführen auf das Niveau der anderen freiheitlich-demokratischen Nationen, sie auf Augen- und Argumentationshöhe mit ihnen zu bringen. Das war kein nationaler Selbstzweck, sondern diente dem Zweck, das freie Europa mit einem freien Deutschland zu versöhnen. Grundlage dieser Zielrichtung war seine unerschütterbare Vorstellung vom „anderen Deutschland", seit er 1933 ins Exil ging. Wie muss er enttäuscht worden sein: Vor und nach 1933 kein Aufstand, kein massenhafter Widerstand, wenn auch lange und teilweise durchgehend anhaltende Widerständigkeit hauptsächlich der Arbeiterbewegungsmilieus und ihrer illegalen Organisationsreste. Dann, 1945, enttäuscht von dem Fehlen der erwarteten neuen „deutschen Revolution", zumindest einer demokratischen Volksbewegung. Danach die Jahrzehnte einer konservativen ‚Restauration', an der weit mehr als die Hälfte des westdeutschen Teils der Nation teilhatte und im zweiten deutschen Teilstaat eine kommunistische Diktatur herrschte. Sein, das „andere Deutschland" wurde immer kleiner, es schien zu einer Fiktion geworden zu sein, zur ‚Lebenslüge' gar? Nein, Willy Brandt hat ein neues „anderes Deutschland" der Geschichte zurückgegeben.

Damit wurde er auch in dieser beziehungsreichen historischen Konstellation zu einem ganz anderen deutschen Sozialdemokraten, anders nämlich als Kurt Schumacher, der von einem eher traditionell-nationalstaatlichen Patriotismus geleitet wurde. Sehr viel anders als Herbert Wehner, dessen Nationalgefühl etwas sehr Alt-Deutsches hatte, der nicht müde wurde, gerade die nationalen Wurzeln der deutschen Arbeiterbewegung zu berufen, der von „nationaler Zerrissenheit" selbstmörderischen Ausmaßes sprechen konnte und als nationale Zielperspektive (anlässlich der Hundertjahrfeier der SPD im Jahre 1963) kundtat: „Dieses unser Vaterland" – er meinte damit das ganze Deutschland – „wollen wir zu einem Land machen, wie es nirgends in der Welt in ähnlicher Schönheit und Vollkommenheit besteht."[39]

→ Willy Brandt hat sein großes Ziel des Zusammenwachsens Europas nicht mehr erreicht. Die SPD ging 1989 „uneinig in die Einheit"[40] und reagierte zu sehr auf die laufenden, sich schließlich überstürzenden Ereignisse statt durch eigene Initiativen der Entwicklung die Richtung zu geben.

→ Nun haben wir – vielleicht ein Glücksfall der Geschichte – die deutsche Einheit; aber die Einheit Europas fehlt in vergleichbarer Konsistenz. Jedoch lässt sich aber auch gar nichts dagegen einwenden, wenn ein Volk – wie das deutsche zumal – durch nationale Einheit wirklich zur Freiheit im Sinne der Vorstellungen von einer zukünftigen europäischen demokratischen Bürgergesellschaft gelangen wollte.

→ Und vielleicht gelingt es uns Deutschen sogar einmal, uns der Welt vorzustellen als eine zivile, demokratisch-pluralistische politische Kulturgemeinschaft europäischen Zuschnitts, deutschen Ursprungs und auf friedliche Weise multikulturell gefärbt. Und vielleicht dürften wir uns dann vorstellen, dass Willy Brandt dagegen nicht einzuwenden haben würde …

6.
Freiheit und Sozialismus. Willy Brandt über die Zukunft des demokratischen Sozialismus in der solidarischen Weltgesellschaft

Bereits der Abituraufsatz aus dem Jahre 1932 enthielt die Grundmelodie, die Willy Brandt sein Leben lang leiten sollte: *„Politische Demokratie allein gibt es aber nicht. Soziale und kulturelle Demokratie gehören zur wirklichen Demokratie hinzu."*[1] In seiner letzten Botschaft über die Zukunft des freiheitlichen Sozialismus vom September 1991 bestätigte er diese Grundmelodie:

> *Die politisch gesicherte und gesellschaftlich vollendete Demokratie, das bleibt das Zentrum der Vision von sozialer Demokratie (und freiheitlichem Sozialismus).*[2]

Innerhalb dieser fast sechs Jahrzehnte lassen sich mehrere voneinander unterscheidbare Phasen, in denen sich Willy Brandt dem Thema der gegenseitigen Bedingtheit und dem gleichzeitigen Spannungsverhältnis zwischen Freiheit und Sozialismus auseinandergesetzt hat, feststellen. Die erste Phase lag zwischen den Jahren 1939 und 1949, die zweite hatte ihren Schwerpunkt in den Jahren 1969 bis 1979; die dritte umfasste die Jahre 1984 bis 1991. Die erste Phase von 1939 bis 1949 wurde geprägt durch das Exil und die Rückkehr nach Deutschland bzw. Brandts politischer Etablierung. Das Jahr 1945 bedeutete für ihn, anders als für die meisten Deutschen, keine Zäsur, jedenfalls nicht im Hinblick auf seine grundsätzlichen Orientierungen über die Ziele seines Denkens und Handelns. Seit 1936/37 hatte er, wie auch andere demokratische Sozialisten im Exil, mit einer verstärkten, zunehmend kritischen Diskussion der ‚sozialistischen Errungenschaften' in der Sowjetunion begonnen; das Ergebnis war, wie bereits erörtert, die grundsätzliche Distanzierung vom stalinistischen Kommunismus. In einem Beitrag für eine norwegische

Zeitschrift Anfang 1940 bündelte Brandt seine Argumente zu der Feststellung:

> *Sozialismus ist mehr als die Übernahme der Produktionsmittel durch den Staat. Er läuft darauf hinaus, dass die Gesellschaft über die produktive Tätigkeit verfügen und Vorteile aus ihr ziehen soll. Aber das setzt voraus, dass immer breitere Schichten des Volkes Mitbestimmungsrechte über das Produktionsleben und Anteil an den produzierten Werten erhalten. Sozialismus läuft auf wirtschaftliche Demokratie hinaus. Sozialismus ist ohne Freiheit und Demokratie nicht möglich.*[3]

Daraus folgte, und Brandt drückte es wörtlich so aus: *„Es gab keinen Sozialismus in Russland,* aber – wie viele wollte er die Hoffnung noch nicht ganz aufgeben – *„wichtige Bedingungen für eine Entwicklung in sozialistischer Richtung"*.[4] Im März 1943 hatte dann in den „Friedenszielen der demokratischen Sozialisten", die Brandt federführend mitgestaltete, die Definition dessen, was man als Ziele anstrebte, eine wichtige Bedeutung: Totaler Sieg über Nazismus und Faschismus; Volksherrschaft, persönliche Freiheit und Rechtssicherheit. Sodann:

> *Umfassende Kontrolle über die Wirtschaft, um Krisen zu verhindern, Ordnung und Effektivität zu schaffen und die grösstmögliche wirtschaftliche und soziale Gleichstellung zu erreichen. Sicherung des Bestimmungsrechtes des deutschen Volkes durch Sozialisierung in dem Sinne, dass die Gesellschaft durch demokratische Organe und freie Organisationen die wichtigsten Zweige der Produktion, des Finanzwesens und der Verteilung übernimmt oder in gesicherter Weise reguliert. Planwirtschaft mit dem Zweck, ausreichend Verbrauchsgüter zu erzeugen, dem ganzen Volke das Recht auf Arbeit und Wohlstand zu sichern und dem Fortschritt und der Kultur zu dienen.*[5]

Der Forderung nach Frieden und Zusammenarbeit unter den Völkern und „internationaler Planung unter demokratischer Kontrolle" folgte dann das abschließende grundsätzliche Bekenntnis: *„Wir kämpfen national und international für eine sozialistische Demokratie."*

In seinem Buch „Nach dem Sieg. Die Diskussion über die Kriegs- und Friedensziele", das im Mai 1944 in schwedischer Sprache erschien, spielten unter der Überschrift „Die Neue Demokratie" wiederum Planung und Planwirtschaft eine herausgehobene Rolle, weil sie nunmehr in einen breiteren, von der notwendig negativen Fixierung auf die Sowjetunion nicht mehr belasteten Zusammenhang diskutiert wurden. In Brandts Überlegungen ging nun sicherlich einiges ein, was in den 1930er und 1940er Jahren in der schwedischen Sozialdemokratie unter Federführung von Gunnar Myrdal und Ernst Wigforss diskutiert und als „provisorische Utopie" praktiziert worden ist: nämlich einen Mittelweg zu gehen zwischen Kapitalismus und dogmatischem Sozialismus durch die Verbindung von Wohlfahrtsstaat und den zentralen Prinzipien einer sozial gerechten Lohn- und Arbeitsmarktpolitik. Demokratische Sozialisten – so Brandt – seien daran interessiert, „eine Planwirtschaft mit der Aufrechterhaltung der Freiheit des Individuums zu verbinden". Planung müsse deshalb ein Mittel und dürfe kein Ziel sein; sie müsse der Untermauerung der Freiheit dienen; „demokratische Planwirtschaft" sei nicht dasselbe wie „totaler Kollektivismus".

> *Demokratische Sozialisten sind ebenso sehr wie Sozialradikale mit liberaler Grundhaltung daran interessiert, eine Planwirtschaft mit der Aufrechterhaltung der Freiheit des Individuums zu verbinden. Auf verschiedenen Wegen ist man zu derselben Auffassung gelangt: dass Planung Mittel, kein Ziel an sich, sein muss. Die Planung soll der Untermauerung der Freiheit dienen, indem sie den Menschen größere Sicherheit gibt. Sie muss so kleine Eingriffe wie möglich in die Rechte des Individuums vornehmen. Eine gemeinwirtschaftliche Planung ist ebenso wie die staatliche Verwaltung für die Menschen da, nicht umgekehrt. (...)*
>
> *Die große Aufgabe, die unserer Generation gestellt worden ist, besteht darin, die Synthese von Kollektivismus und Liberalismus zu finden. Die menschlichen Rechte müssen erhalten bleiben, während man gleichzeitig durch Planwirtschaft wirtschaftliche Fortschritte erreicht. Dasselbe Problem besteht auf dem internationalen Gebiet. Ohne internationale Sicherheit keine wirklich nationale Freiheit. Hinter dem internationalen Gesetz muss Macht mobilisiert werden. Nationale Sonderansprüche müssen internationalen gemeinsamen Interessen untergeordnet werden.*[6]

In dem 1946 erschienenen Buch „Verbrecher und andere Deutsche" hieß es dann nur noch, bezogen auf die deutsche Nachkriegssituation, lakonisch: *„Nun ist es ganz gewiss so, dass die Planwirtschaft keine völlige Sozialisierung verlangt."* Im Schlusskapitel dieses Buches stellt sich Brandt der provokanten Frage, ob Deutschland sozialistisch werden würde. Er sah die Fehlentwicklungen im Osten und die enormen Hindernisse im Westen, wo ihm aber als neuer, den demokratischen Sozialismus mitgestaltender Faktor der große Einfluss der Betriebsräte auffiel. So konnte Brandt die sich selbst gestellte Frage beantworten: Deutschland „wird jedenfalls nicht privatkapitalistisch".[7]

Den Schlussstein der ersten Phase bildete Willy Brandts bereits mehrfach erwähnte Rede auf dem 6. Landesparteitag der Berliner SPD am 8. Mai 1949 über die „Programmatischen Grundlagen des demokratischen Sozialismus". Dieser Rede vorausgegangen war im Jahre 1948 die abschließende Einschätzung der Rolle der Sowjetunion in Europa: Die Politik der Sowjetunion sei nicht nur expansiv und ausbeuterisch, also imperialistisch, sondern für Europa handele es sich bei ihr um den „in der Geschichte nicht erstmaligen Versuch der Kulturzertrümmerung". Es habe sich bei der Entwicklung der Sowjetunion nicht von Anfang an um eine „Entartung" gehandelt, vielmehr sei ein komplizierter, widerspruchsvoller geschichtlicher Prozess abgelaufen. Spätestens 1948 – Brandt spielte hier auf die Ereignisse in Prag und in Polen sowie auf die Blockade Berlins an – könne jeder, der es noch nicht wüsste, erfahren, „dass die Kommunisten keine Bundesgenossen sind, sondern Exploiteure von Scheinbündnissen zum Zweck ihrer brutalen Parteiherrschaft". Daraus schloss Brandt: *„Man kann heute nicht Demokrat sein, ohne Antikommunist zu sein. Aber Antikommunismus ist nicht das einzige Kriterium des Demokraten."*[8] Es bestehe heute ein prinzipieller Unterschied, ja Gegensatz nicht nur des Weges, sondern auch der Zielsetzung zwischen demokratischem Sozialismus bzw., von Brandt damals noch synonym verwendet, „sozialistischer Demokratie" einerseits und bloß sozialistisch drapiertem sowjetischen Totalitarismus bzw. totaler Planwirtschaft andererseits.

> *Die sozialistische Demokratie bildet in unserer Zeit die einzig haltbare Alternative gegenüber dem totalitären Kommunismus, den es nicht nur zu bekämpfen, sondern zu überwinden gilt. Überwinden kann man ihn aber nur, wenn man ihn überflüssig macht, und das heißt, ihm den Nährboden sozialer Unsicherheit und wirtschaftlicher Ungerechtigkeit entzieht.*[9]

Wie sah nun Brandts Alternative aus? Für ihn bedeutete demokratischer Sozialismus kein Dogma, erst recht keine Heilslehre, auch keine Theorie für die Gestaltung eines Gesellschaftssystems, kein Schema dafür, wie die gesellschaftliche Ordnung auszusehen habe, auch keine allgemein verbindliche Weltanschauung. Demokratischer Sozialismus war viel mehr „ein in sich nicht abgeschlossenes System von Vorstellungen über eine Neugestaltung der gesellschaftlichen Verhältnisse" mit dem Ziel der Schaffung sozialer Gerechtigkeit und umfassender Demokratisierung von Wirtschaft und Gesellschaft auf der Grundlage der unbedingten Achtung der Menschenrechte und auf dem Boden unantastbarer Rechtsstaatlichkeit. Der Weg dorthin lief über Chancengleichheit, Nivellierung der sozialen Scheidelinien, Rahmenplanung, wie sie zeitgleich auch von anderen pragmatisch orientierten Sozialdemokraten vertreten und als „regulierenden Marktwirtschaft" bezeichnet wurde. Dabei sollte es nach Brandt wie in der ganzen Geschichte des demokratischen Sozialismus nicht um die Erreichung eines „Klassenziels", sondern um ein „Menschheitsziel" gehen.

> *Der traditionelle Gegensatz zwischen dem revolutionären und dem reformistischen Flügel ist geschichtlich überholt. Wir überwinden ihn auf der höheren Ebene des k o n s t r u k t i v e n Sozialismus. Er ist freiheitlich, und er ist revolutionär, indem er den Weg nach vorn zeigt und zur Neugestaltung aufruft.*[10]

Es war ein sehr modernes Programm, das Willy Brandt 1949 vortrug zu einem Zeitpunkt, als die Sozialdemokratie noch prall voll von marxistisch inspirierten ‚Erlösungshoffnungen' steckte. Es war eine schnörkellose, nüchtern auf das Machbare gerichtete Programm-Rede, die einen „entschlossenen Realismus" widerspiegelte – im Horizont einer „sieghaften Idee", die Brandt demokratischer Sozialismus nannte. Die umfangreiche Rede lässt sich verstehen als ein Akt der Enttraditionalisierung, jedoch ohne Verlust an historischer Verankerung. Dass Brandt damit seiner Partei zu dieser Zeit – zehn Jahre vor dem Godesberger Programm – weit voraus war, verwundert nicht.

Erst zwanzig Jahre später, ab 1969 – Willy Brandt war gerade Bundeskanzler geworden und seit fünf Jahren Parteivorsitzender – wurden seine Reden und publizistischen Beiträge zu einem für seine Partei unverzichtbaren programmatischen Kompass. Dies kennzeichnete die zweite Phase der grundsätzlichen Orientierungen. Brandt befand sich nun in einer dreifachen Frontstellung: gegen die ins linksradikale Spektrum changierenden Positionen innerhalb und außerhalb der SPD, gegen die von Franz Josef Strauß angeführte neue ‚konservative Revolution' und gegen den alten Feind, den totalitären Kollektivismus des Kommunismus.

Brandt hatte – wie berichtet – spätestens 1948 erkannt, dass der im Exil entstandene Gedanke, die Kriegserfahrungen und die Zusammenarbeit mit den westlichen Kriegsalliierten würde in der Sowjetunion einen Prozess der Demokratisierung auslösen, ein Irrtum gewesen war.[11]

Auf lange Sicht, so hatte Brandt 1962/63 gesagt und geschrieben, mochte der Prozess einer „Transformation der kommunistischen Welt" nicht unmöglich sein; aber eine offene Abkehr von der Theorie der Weltrevolution sei dennoch nicht zu erwarten; „denn das würde bedeuten: es gibt keinen Kommunismus mehr". Schon gar nicht teilte Brandt die Auffassung derjenigen, die einen ‚Sieg' der westlichen Welt über die kommunistische erwarteten und dabei argumentierten, dass die kommunistischen Regime in ihrer Expansion gestoppt, einem wachsendem Druck ausgesetzt und „in einer Serie von Revolutionen ohne Krieg" zusammenbrechen würden. Brandt war vielmehr der Auffassung, dass eine Entwicklung ins Auge zu fassen sei, „die die Politik des Zurückrollens der Sowjets, später des Eindämmens, ersetzt durch die Politik einer friedlichen und dynamischen Transformation".[12]

Den Begriff der Transformation hatte Brandt aus dem Buch von Fritz Sternberg „Marx und die Gegenwart"[13] übernommen, wie Wolfgang Schmidt entdeckt hat.[14] Sternberg und Brandt kannten sich aus der Exilzeit, vor allem in Paris, wo Sternberg seit 1937 lebte. Von 1933 bis 1937 war er Vertreter der SAP-Auslandsleitung in Basel bzw. in der Schweiz gewesen, also in ähnlicher Funktion wie Brandt in Norwegen. Als Sternberg, der im Frühjahr 1939 in die USA emigriert war, als amerikanischer Staatsbürger ab 1950 wieder in die Bundesrepublik Deutschland reisen konnte, traf er sich bis zu seinem Tod im Oktober 1963, so oft es möglich war, mit Brandt und berichtete diesem von seinen Publikationen und anderen Vorhaben.[15] Brandt hat denn auch Sternbergs eben erwähntes Buch im Februar 1956 in der Frankfurter Rundschau rezensiert.

Sternberg vertrat die These, dass langfristig betrachtet eine „graduelle Transformation“ in der Sowjetunion im Zusammenhang mit den Veränderungen des „sowjetischen Gesellschaftskörpers“ auf dem Hintergrund der gewaltigen industriellen Expansion erwartet werden könnte. Sternberg gab darüber hinaus dem Transformationsprozess eine weltweit sich auswirkende Note: Im Zustand des atomaren Gleichgewichts würde sich der Konflikt zwischen Ost und West in die ‚Dritte Welt‘ verlagern; für deren „freiheitliche Kräfte“ müssten gerade die demokratischen Sozialisten in Europa durch die Ausdehnung planwirtschaftlicher Methoden unter demokratischer Kontrolle die Alternative zu totalitären Systemen geben.[16]

Brandt unterschied dann als Bundeskanzler zwischen der Notwendigkeit der auf wirkliche Koexistenz gerichteten Entspannungspolitik und der Erwartung von Veränderungen im Kommunismus bzw. innerhalb der kommunistischen Diktaturen. Es waren zwei getrennte Sachen, die doch zusammen gehörten, denn Wandel im Ostblock erforderte als Voraussetzung sicherheitsgestützte Stabilität, die erst Liberalisierung und Öffnung möglich machen würde. Im Juni 1973 hat Brandt diesen Zusammenhang bestätigt, indem er ausführte: *„Es gibt ganz sicher keinen notwendigen Zusammenhang zwischen Détente und innerer Freiheit in kommunistisch regierten Ländern.“* Andererseits mochte Brandt nicht ausschließen angesichts der Ereignisse 1968 in der Tschechoslowakei, dass sich das, was dort geschehen war, auch anderswo wiederholen könnte – „das Suchen nach einem freiheitlichen Sozialismus, einem sich demokratisierenden Sozialismus“.[17]

An dieser Stelle soll vorab darauf hingewiesen werden, dass Willy Brandt nicht missverstanden werden sollte: er beanspruchte nicht, ein Theoretiker zu sein oder als eine Art ‚Theoretiker-Ersatz‘ aufzutreten. Er war ein Politiker mit ausgeprägter Reflexionsfähigkeit, und von ihr bestimmtes Reden und Schreiben waren Mittel seiner politischen Führung. Seine Texte, von ihm persönlich gefeilt, folgten einer klaren inneren Struktur: dabei durchaus nicht ‚einfach gestrickt‘, bedurften sie dennoch keines zusätzlichen Kommentars. Welche Botschaften hatte Brandt nun in jenen umbruchartigen 1970er Jahren? Zunächst ging es ihm um das Profil seiner Partei, die er als eine „Willens- und Ideengemeinschaft“ betrachtete, als eine „geistig-politische Strömung“, die offen sein sollte „für alle, für die die Demokratie eine gesellschaftliche Notwendigkeit und Sozialismus konsequente Demokratie“ bzw. in einer anderen Wendung „vollendete Demokratie" bedeutete. Inhaltlich knüpfte Brandt indirekt an seine 1949er Position an:

> *Demokratischer Sozialismus ist für uns kein Schema für die gesellschaftliche Ordnung, kein dogmatisch festgelegter Katalog von Maßnahmen. Demokratischer Sozialismus ist nicht mit Endziel, sondern ist als ständige Aufgabe zu verstehen. Er läßt sich nicht in Patentrezepten einfangen.*
>
> *[...] Aber demokratischer Sozialismus ist zum anderen wesentlich mehr als ein allgemeines Bekenntnis zu den Idealen größtmöglicher Gleichheit, der sozialen Sicherheit, der Selbstbestimmung und des Gemeinschaftsgeistes. Es geht um die niemals abgeschlossene Aufgabe, Ungerechtigkeiten der bestehenden Wirtschafts- und Gesellschaftsordnung abzubauen und, wenn ihr so wollt, zu überwinden, den sozialen Anspruch der Demokratie immer mehr und immer wieder im politischen Kampf zu verwirklichen, anders ausgedrückt: persönliche und politische Freiheitsrechte des einzelnen soziale Wirklichkeit werden zu lassen.*[18]

Diese Definition bildete für ihn den Resonanzboden für eine Auseinandersetzung mit den jungsozialistischen Kritikern der so genannten ‚Systemerhaltung' und ‚Systemstabilisierung', denen sie ihr Projekt der ‚Systemüberwindung' entgegenstellten. Brandt beharrte auf einer Politik der schrittweisen Reformen, die zu Veränderungen durchaus weit reichender Art geführt hätten und weiter führen sollten. Demokratischer Sozialismus sei eben nicht „an einem statischen Endziel orientiert, sondern als Entwicklung zu begreifen". Die Grundwerte, im Kern nicht wandelbar, wirkten dabei als „Maßstäbe für die Bewertung unserer politischen Einzelentscheidungen".[19]

Immer wieder, beinahe unablässig hob Willy Brandt den hohen, ja prioritären Wert der Freiheit und des ständigen Strebens nach Eigenständigkeit des Individuums hervor und nannte seine Partei wiederholt emphatisch „die Partei der Freiheit".[20] Das war ein höchst antiautoritärer Zug in seinem Denken, mit dem er jedoch nicht ins Libertär-Anarchische abschwirrte; im Gegenteil, er wusste, dass die Bewegung, der er sich zurechnete, dem längst entwachsen war. Nein, Freiheit war der zentrale Begriff seines Denkens, der auch seine Deutung des Sozialismus bestimmte, ja, diese begründete. Immer wieder beschäftigte ihn in diesen Jahren, herausgefordert durch die christlich-demokratischen Konservativen, das Verhältnis von Freiheit und Gleichheit. Die Konservativen behandelten sie als Gegensätze, Brandt bzw. die demokratischen Sozialisten als unverzichtbar zusammen gehörend.

Gesellschaftliche Gleichheit ist für Brandt insoweit gerechtfertigt und notwendig,

> *als sie zur Verwirklichung von Freiheit, Gerechtigkeit und Solidarität im Leben der Menschen beiträgt. Die Grundidee des demokratischen Sozialismus ist die freie Entfaltung der Persönlichkeit. Ungeachtet seiner sozialen Bindungen und Verpflichtungen steht das Individuum und nicht das Kollektiv im Mittelpunkt der Gesellschaft. Das Problem der Verwirklichung von Gleichheit besteht also darin, für jeden Menschen in gleicher Weise die gesellschaftlichen Bindungen für seine freie, individuelle Entwicklung zu schaffen. Dies ist mehr als bloße Chancengleichheit im Sinne gleichgezogener Startlöcher, ab denen dann wiederum das Ellbogenprinzip gelten soll.*

Gewiss könne die Forderung nach Gleichheit nicht zum Ziel haben, „die natürliche Ungleichheit der Menschen einzuebnen"; sie sei vielmehr gerichtet gegen „die Ungleichheit der gesellschaftlichen Lebensbedingungen", d. h. der krassen Unterschiede des Einkommens, des Besitzes, der Macht, der sozialen Geltung, aber nur „insofern sie das Recht eines jeden Menschen auf freie Entfaltung behindern". Gesellschaftliche Gleichheit ziele „nicht auf Gleichförmigkeit, sondern auf Gleichrangigkeit der Menschen".[21]

Die Sicherung der Freiheit durch gesellschaftliche Gleichheit erfolgt durch die „vollendete Demokratie", die Brandt ja identisch setzte mit demokratischem Sozialismus. Somit hatte er sich zu wehren gegen liberal-konservative Angriffe, die aus dem Spannungsverhältnis zwischen tendenziell egalitärer Demokratie und der auf die Entfaltung des Individuums gerichteten Freiheit

> *einen unversöhnlichen Gegensatz machen und daraus den Schluss ziehen, mehr Demokratie müsse notgedrungen zu einer Einschränkung der Freiheit führen. Die Freiheit des Einzelnen können wir nicht losgelöst von der Zuordnung in der Gesellschaft beurteilen. Die Freiheit erfährt der einzelne in der Gesellschaft; ihre Siche-*

> *rung bedarf also gesellschaftlicher Voraussetzungen; erst Demokratie in vielen Bereichen der Gesellschaft macht mithin den Raum frei, in dem Freiheit praktiziert werden kann.*[22]

Insofern hätte er, so Brandt, statt „Wir müssen mehr Demokratie wagen" auch fordern können: „Mehr Freiheit wagen!"

> *und zwar mehr Freiheit durch Demokratie in allen relevanten gesellschaftlichen Bereichen. Denn wenn wir die Freiheit in der Demokratie gewählt haben, dann dürfen wir nicht zulassen, dass, unter welchem liberalistischen Vorwand auch immer, die Demokratie gegen die Freiheit ausgespielt wird.*[23]

Dieser weite Horizont der Argumentation erlaubte Willy Brandt, den demokratischen Sozialismus als einen Entwurf zu bezeichnen „auf Freiheit hin, der offen bleibt, in Bewegung und damit menschlich".[24] Dieses Verständnis des Sozialismus „als Weg zur Freiheit" hat ihn auch bewogen, immer wieder bis zum Ende seines Lebens lieber von „freiheitlichem Sozialismus" reden zu wollen, „weil darin noch stärker zum Ausdruck käme, was wir Sozialdemokraten meinen".[25] Über die Jahre deutlicher wurde bei Brandt die Feststellung: Deutsche Sozialdemokraten sind demokratische Sozialisten oder noch klarer: *„Demokratische Sozialisten heißen in Deutschland Sozialdemokraten. Wir haben ein Programm des demokratischen Sozialismus. Unser Parteiname ist seit vielen Jahrzehnten ‚sozialdemokratisch'."*[26]

Diese offene freiheitliche Deutung des Sozialismus war bei Willy Brandt mit einer fundamentalen Distanzierung von den „sich sozialistisch nennenden kommunistisch regierten Staaten" und die scharfe Kritik an der „Verzerrung der Marxschen Lehre" verbunden. Der Marxismus-Leninismus habe die Marxschen Vorstellungen von der Befreiung der Arbeiter durch die soziale Bewegung der Arbeiterklasse verbogen in eine „Parteidiktatur über das Proletariat". Der von Stalin zum Marxismus-Leninismus dogmatisierte Marxismus sei zur Rechtfertigung der Parteidiktatur in der Sowjetunion und in den anderen kommunistischen Ländern benutzt worden, zur „ersten totalen Parteidiktatur der modernen Geschichte".[27]

Die letzte Phase der Auseinandersetzung Willy Brandts mit den Zukunftsaufgaben des demokratischen Sozialismus umfasst die Jahre 1984 bis 1991/92, also bis zu seinem Lebensende. Noch 1979 hatte er

8. Willy Brandt beim außerordentlichen SPD-Parteitag in Köln (18./19. 11. 1983)

nachdrücklich festgestellt, dass die SPD für einen überschaubaren Zeitraum kein neues Grundsatzprogramm brauche. Fünf Jahre später stellte er sich die Frage, ob es nicht notwendig sein würde, das Godesberger Programm zwar nicht auszulöschen, aber doch zeitgemäß weiter zu entwickeln, da es für eine Reihe von Problemen noch keine Antwort hatte: auf die Folgen des Wettrüstens, auf die Gefährdung der natürlichen Lebensgrundlagen durch einen ungezügelten, in globaler Ausbreitung befindlichen Industrialismus, eine kaum noch zu kontrollierende, grenzenlose und rasante Fortentwicklung neuer Techniken und insbesondere kommunikativer Möglichkeiten. Es stellte sich aber gleichzeitig auch die Frage nach der Begrenzung eines stetigen Wirtschaftswachstums und damit verbunden nach einer Korrektur des euphemistischen Fortschrittsoptimismus. Und dann war da auch noch das Problem der Kontrolle wirtschaftlicher Macht, „von der wir“, wie Brandt bekannte, „ein Jahrzehnt nur leise gesprochen haben“, das aber „ungelöst wie eh und je“ sei.[28]

Was also, fragte Brandt, soll demokratischer Sozialismus „für den Rest des Jahrhunderts und darüber hinaus heißen?“ Zu den Fragen, auf die eine in die Zukunft gerichtete Antwort fehlte, gehörte auch die Sinnbestimmung der Arbeit und das mit ihr verknüpfte alte und noch immer nicht eingelöste Postulat der Befreiung des Menschen von nicht menschengerechten Formen der Arbeit, „und dies nicht bloß, weil die Eigentumsverhältnisse so geblieben sind, wie sie sind“. Es ging um die Wiedergewinnung der Mündigkeit des unmittelbaren Produzenten. Konkret verstand Brandt darunter die Forderung nach Erweiterung der Mitbestimmung am Arbeitsplatz, die bereits seit den 1970er Jahren zu stagnieren begonnen hatte; in der Erweiterung der Mitbestimmung als Teilprojekt der schrittweisen Demokratisierung der Gesellschaft sah er die Chance für eine „fühlbare, eine substantielle Ausweitung der individuellen Freiheit und eine reale Annäherung an das Ideal der Selbstbestimmung des Menschen“. Ideen vom ‚Recht auf Faulheit‘, die im Anschluss an das berühmte Pamphlet von Marx’ Schwiegersohn Paul Lafargue in den 1970er Jahren wieder zu blühen begonnen hatten, erteilte Brandt eine ironische Absage: *„Ganz ohne Arbeit ist das ‚sozialdemokratische Glück‘ nicht zu haben.“*[29]

Entgegen Auffassungen, die das ‚sozialdemokratische Zeitalter‘ als schon zu Ende gegangen wähnten, weil die Ziele der Sozialdemokratie im Wesentlichen im modernen Sozialstaat verwirklicht wären, hielt Brandt fest, dass die Sozialdemokratie ihre geschichtliche Aufgabe durchaus noch nicht erfüllt habe, weltweit betrachtet schon gar nicht. Zu seinem Katalog der programmatischen Defizite gehörte deshalb auch eine Antwort auf die großen Umbrüche in der „Dritten Welt“ und die Auswirkungen der beginnenden Globalisierung. Beides hatte Brandt als Präsident der Sozialistischen Internationale (seit 1976) hautnah wahrnehmen und als dringende politische Aufgabe annehmen können. Er brachte das auf zwei schlichte Sätze: 1. die Dritte Welt-Problematik wird „die große soziale Frage beim Übergang zum neuen Jahrhundert“ werden; 2. Solidarität hat weltweit zu gelten: der klassische europäische europazentristische Internationalismus der Arbeiterbewegungen des 19. und 20. Jahrhunderts muss abgelöst werden durch eine „solidarische Weltinnenpolitik“.[30]

> *Es ist nicht damit getan, auf Konferenzen das Fortschreiten der Wüsten zu beklagen und Sorge über den klimagefährdenden Verlust des tropischen Regenwaldes zu bekunden, vielmehr bedarf es der Erarbeitung von Entwicklungsstrategien im Weltmaßstab. Helfen kann dabei, dass die allgegenwärtigen Umweltgefahren einen explosiven Bewusstseinswandel bewirkt haben. Sehr viel Zeit zum Handeln bleibt uns nicht mehr. [...]*
>
> *Die globalen Umweltprobleme lassen sich jedoch nicht allein dadurch lösen, dass die Industriestaaten in West und Ost ihre ausgemachten Risiken abbauen. Es bedarf wirklich „globalen Handelns“. Da alltägliche Armut Millionen Menschen zum Raubbau an der Natur geradezu zwingt, muss darauf hingewirkt werden, dass in den südlichen Regionen der Erde menschenwürdige und ökologisch verträgliche Entwicklung möglich gemacht wird. [...] Wir können uns also ein Schneckentempo nicht leisten. Angesichts der sich verändernden Handlungsspielräume ist konkrete und intensive internationale Zusammenarbeit für Sozialdemokraten zu einer gebieterischen Notwendigkeit geworden.*[31]

Willy Brandt hat auch die Gefahren einer vom Konsumismus kulturell bedrohten Weltgesellschaft erkannt, die den falschen Schein einer universellen Demokratisierung vermittelten, und er hat nach Korrekturmöglichkeiten gesucht, die noch einmal mehr bestätigten, dass die Botschaften des demokratischen Sozialismus ihr historisch-politisches Gewicht behalten würden.

> *Dem demokratischen Sozialismus muß es heute ebenso wie in der Zeit seiner Entstehung um den mündigen selbstbestimmten Menschen zu tun sein, der in Gemeinschaft mit anderen die Umstände seines Lebens bestimmt und in diesem Rahmen sein Glück individuell suchen kann. Diese Vision bedarf keiner Korrektur. In unserer zunehmend vom Konsumismus bestimmten, in gewisser Hinsicht auch bedrohten Gesellschaft gewinnt Kulturpolitik eine Schlüsselrolle. Eine Politik, die nicht nur allen den Zugang zu möglichst vielen Quellen nationaler und internationaler Kultur verschafft, sondern die zugleich auch Angebote und Chancen der Selbsterfahrung, der Kommunikation und der Kreativität schafft – damit die Menschen auch in der technisch-wissenschaftlichen Zivilisation mündige Subjekte sein können, anstatt abhängige Objekte zu werden. Gegen die Auswüchse der Freizeitindustrie, die an tatsächliche Neigungen bequem und manipulativ anknüpft, gilt es, den Entwurf einer Kulturpolitik zu setzen, die den eigentlichen Bereich menschlicher Selbst- und Gemeinschaftserfahrung schützt und fördert.*[32]

Brandt hat immer wieder die Bedeutung der historischen Wirkungskraft der sozialdemokratischen Arbeiterbewegung auch für die Zukunft herausgestellt, und es hat ihn fast geschmerzt, dass sie es nicht geschafft hatte, was sie sich und der demokratischen Welt versprochen hatte, nämlich Hitler an der Übernahme der politischen Macht zu hindern; fast zornig hat er eigentlich immer wieder im Nachhinein das Postulat bekräftigt, dass auch ohne Aussicht auf Erfolg der Aufstand hätte gewagt werden müssen. Zur Eröffnung der Programm-Diskussion hat er auf dem SPD-Parteitag 1984 in Essen die rote Linie der Tradition nach- und vorgezeichnet. Die Einzelergebnisse der Programmarbeit könnten nicht zu einem

> *stimmigen Ganzen zusammengefasst werden, ohne das Vermächtnis der freien Arbeiterbewegung und ohne das, was die ideelle Substanz des demokratischen Sozialismus ausmacht. Ich bin jedenfalls weit davon entfernt zu glauben, die Arbeiterbewegung habe im Großen und Ganzen ihre gesellschaftliche Aufgabe erfüllt. Die moderne Arbeiterbewegung war angetreten, eine Gesellschaft ohne Ausbeutung, ohne Erniedrigung, ohne Not zu schaffen, eine Gesellschaft der Freien und der Gleichen, eine Gesellschaft, in der*

das gute Leben kein Vorrecht des Standes oder der Klasse mehr sein sollte. Wer Augen hat zu sehen und nicht privilegienbedingt schielt, der sieht, daß dieses Ziel lange nicht erreicht ist, nicht hier und schon gar nicht in der ganzen weiten Welt der Knechtschaft und des Leidens, jener Welt der Knechtschaft und des Leidens, die etwas weiter ausgreift als unsere Grenzen und die uns ganz und gar nicht gleichgültig sein kann.[33]

Als der erste, der Irseer Programm-Entwurf 1986 vorlag, konnte Willy Brandt als Vorsitzender der Kommission mit Stolz feststellen, dass „das Arbeiterbewegungserbe der Sozialdemokratie, das zeitweise zu verblassen schien", wieder „deutlich herausgestellt" würde. Dieses sozialdemokratische Arbeiterbewegungserbe forderte Brandt nochmals zur Auseinandersetzung mit dem Kommunismus genau in dem Moment heraus, als dieser seinen eigenen Zusammenbruch anzukündigen gezwungen war. Noch oder gerade auf dem Berliner Programmparteitag im Dezember 1989 musste Brandt einräumen:

Es war ein schweres Versäumnis, nicht energischer dagegen angegangen zu sein, dass der Begriff Sozialismus für diktatorische Herrschaftsformen und Kommandowirtschaft in Anspruch genommen wurde. Auch Leuten, denen solche Klarheit zuwider ist, muss eingehämmert werden: Die geistige Fundierung der freiheitlichen Sozialdemokratie ist etwas prinzipiell anderes als die eines autoritären Kollektivismus. Einen Sozialismus, der keiner war, konnte man nicht reformieren.[34]

In einer seiner letzten öffentlichen Reden im September 1991 kam Willy Brandt noch einmal auf seine 1989er Parteitagsrede zurück und bedauerte den Irrtum, dass nicht entschieden genug „dagegen angegangen wurde, dass der Begriff Sozialismus … für diktatorische Herrschaftsformen und Systeme kommandierten Wirtschaftens in Anspruch genommen wurde". Obwohl es für Brandt keinen inhaltlichen Unterschied zwischen Sozialdemokratie und freiheitlichem Sozialismus gab, war er sich nicht mehr sicher, „ob wir das einer breiteren Öffentlichkeit immer gut genug erklären können", und er zeigte Verständnis für diejenigen, die es für überflüssig hielten oder sich überfordert fühlten, „immer noch einmal erklären zu sollen, worin sich unser Sozialismus von dem *grundlegend* unterscheidet, was daraus anderswo gemacht wurde". Daraus folgte aber bei Brandt nicht, was Viele, und manchmal sogar Sozialdemokraten, daraus ableiten möchten: dass der demokratische Sozialismus überholt sei. Nein, Brandt war sich sicher, das, wenn ein *Begriff* entstellt und entwertet worden ist, deshalb noch lange nicht „der ihm zugrunde liegende gedankliche *Inhalt* verbraucht" war.[35] Und so war er sich ebenso des Gegenteils sicher:

> *Es wird sich als geschichtlicher Irrtum erweisen, das dem demokratischen Sozialismus zugrunde liegende Ideal – Zusammenfügung von Freiheit, Gerechtigkeit und Solidarität – als überholt abtun zu wollen.*[36]

In seiner Abschiedsrede als Parteivorsitzender 1987 hat Willy Brandt die Grundmelodie seines politischen Credos besonders eindringlich wiederholt. Sich selbst die Frage stellend, was ihm neben dem Frieden wichtiger sei als alles andere, gab er seine „Antwort ohne Wenn und Aber: Freiheit". Er fügte hinzu: „Die Freiheit für viele, nicht nur für die wenigen." Dieses Verständnis von Freiheit stammte aus den Denk- und Traditionshorizonten des europäischen demokratischen Sozialismus. Deshalb war für Brandt die Frage „Freiheit oder Sozialismus" eine fundamental falsche Frage; Freiheit konnte erst durch Sozialismus, wie er ihn verstand: freiheitlich und demokratisch, gewonnen, stabilisiert und erweitert werden. So lautete denn sein Vermächtnis für den Weg ins 21. Jahrhundert, was auch immer sich ändern würde und müsse: „die grundlegenden Koordinaten dürften gültig bleiben":

> *Demokratischer Sozialismus will soziale Gerechtigkeit und eine umfassende Demokratisierung der Gesellschaft, auch die Demokratisierung einer effektiven Wirtschaftsordnung, auf der Basis der unbedingten Achtung der Menschenrechte und auf dem Boden unantastbarer Rechtsstaatlichkeit. Er erstrebt eine Gesellschaft der Freien und Gleichen.*[37]

→ Schnelle Denker und kluge Köpfe finden sich heutzutage, am Beginn des 21. Jahrhunderts, in der Meinung, im Besitz guter Argumente zu sein, dazu bereit, Willy Brandts Vorstellungen über den demokratischen Sozialismus in das lange 20. Jahrhundert zurückzuverweisen: das war einmal eine wirklich schöne Geschichte ...

→ Boshafte und zugleich dümmliche politische Gegner des Konzeptes „demokratischer Sozialismus", die den fundamentalen Unterschied, ja Gegensatz dieses Konzeptes zu dem, was sich ‚Sozialismus' nannte, aber keiner war, immer noch nicht verstanden haben oder nicht verstehen wollen, holen mit dumpf klingenden Beschwörungsformeln den trivialen Antikommunismus bereits wieder aus der Mottenkiste.

→ Manche, darunter durchaus überzeugte Sozialdemokraten, halten zwar den Begriff „demokratischer Sozialismus", nicht aber seine Inhalte für verbraucht und empfehlen deshalb die Verwendung weniger auffälliger Kennzeichnungen wie „Soziale Demokratie" als Zielprojektion. Aber müsste man dann nicht auch konsequenterweise auf die Vorstellungswelt ‚Christentum' verzichten – wegen der Inquisition, den Kreuzzügen, Luthers Judenfeindschaft und ... und, was ja auch niemand tut, richtigerweise.

→ Verstanden hat von allen ‚Verächtern des demokratischen Sozialismus' keiner, was Willy Brandt und nicht nur er allein vermitteln wollte: dass eine solidarische Weltgesellschaft einer Botschaft bedarf, die weit über das gemeinsame Heute hinaus weist zu einem ganz anderen Morgen des 21. Jahrhunderts.

→ Ohne eine solche Botschaft haben Menschen noch nie leben können, es sei denn, nur von der Hand in den Mund oder von einem Tag zum andern. Aber haben sie dann wirklich gelebt?

7.
Der andere Deutsche. Was bleibt, was darf nicht verloren gehen

Für Willy Brandt war Geschichte kein determinierter Prozess, nie abgeschlossen, immer offen und folglich die Zukunft immer ungewiss. Sein eigenes Leben und Erleben hatten ihn in dieser Auffassung bestätigt. Wenn aber Geschichte immer offen bleibt, bedeutet dies, dass sie auch ‚offen nach unten' ist: für den ‚Absturz in die Barbarei'. In einer Rede am 12. März 1987, wenige Tage vor seinem Rücktritt als Parteivorsitzender, hat sich Willy Brandt auf dem ersten offiziellen Treffen von Historikern aus den beiden deutschen Staaten in Bonn zum Thema „Erben deutscher Geschichte – Bundesrepublik und DDR" zu zentralen Fragen der geschichtlichen Weiterentwicklung geäußert: frei von allen metaphysisch gefärbten Spekulationen, distanziert von utopisch geschmückten Hoffnungen, den ‚Weltgeist' oder die ‚Logik der Geschichte' den Theologen, Philosophen „und Intellektuellen sonst" überlassend.

In dieser Rede finden sich einige Sätze grundsätzlicher Natur – weit in die Zukunft weisend, die inzwischen unsere Gegenwart ist. Mit Blick auf den Irseer Entwurf für ein neues Programm der SPD stellt Brandt fest:

> *Freilich, auch im Irseer Entwurf sind die Grundwerte des demokratischen Sozialismus an hervorgehobener Stelle enthalten. Aber sie scheinen nicht länger vom himmlischen Baum der großen Menschheitsidee gepflückt, sondern werden als nachvollziehbares Ergebnis eines lange währenden Lernprozesses der sozialdemokratischen Bewegung vermittelt.*

Auf die neueren Entwicklungen in der Sowjetunion eingehend, die neugierig und gespannt machen würden, versichert er:

9. Willy Brandt beim Spiegel-Gespräch im Bundeshaus (19.02.1992)

> *Selbstverständlich kann die Sozialdemokratie von den einmal gewonnenen und in vielen Gedächtnissen gespeicherten Erfahrungen aus den vergangenen Jahren nicht völlig absehen. Aber wir werden nicht Gefangene gelernter und eingeschliffener Verhaltensmuster und Denkschemata sein, wenn die Welt vor unseren Augen sich wandelt und die alte Betrachtungsweise sich überlebt.*

Nach der Darstellung der Aufgabe, die sich Europa stelle, nämlich der Selbstbehauptung gegenüber den Weltmächten USA und Sowjetunion, weist Brandt darauf hin, dass es sich dabei um den Versuch handle,

> *der Aufklärung auf* dem *Kontinent, von dem sie ausgegangen ist, eine Heimstatt zu bewahren. Die Sozialdemokratie hängt an der Errungenschaft der Aufklärung, auch wenn sie, nicht nur in ferner Vergangenheit, schmerzlichste Erfahrungen mit sozusagen der Kehrseite machen musste. Die Verkümmerung der Vernunft zur bloß instrumentellen ist gewiss kein Verdikt über die Aufklärung, sondern eine Aufforderung, ihre Widersprüche auszuhalten und sie, wo immer möglich, nach der menschenfreundlichen Seite hin aufzulösen.*

Brandt distanziert sich von dem Maß an Selbsttäuschung und auch Selbstgerechtigkeit, das im alten sozialdemokratischen Fortschrittsbegriff steckte, das aber wohl auf Grund der Unterdrückung und des Zwangs zur Selbstbehauptung „*nahezu unvermeidlich war*“: *Es gibt keine große Bewegung ohne große Hoffnung. Es gibt keine große Hoffnung ohne eine gewisse Verklärung der Zukunft.*

Und dann ist von den „großen Hoffnungen“ der alten Arbeiterbewegung die Rede und dem durch den Ersten Weltkrieg, den Faschismus und den Zweiten Weltkrieg ausgelösten Bruch „in der bis dahin heilsgewissen Zukunft“.

> *Man kann nicht sagen, dass die alten Hoffnungen völlig zunichte gemacht worden wären, aber sie sind keine geschichtsmächtige Kraft mehr ...Wer als aufgeklärter Mensch am Ende dieses Jahrhunderts weiterhin auf den Fortschritt der technischen Zivilisation setzt – und wir Sozialdemokraten setzen darauf – dem muss klar sein und der muss klar sagen, dass dies ein problematisches*

> *Unterfangen ist, das im Ergebnis nur dann überwiegend gut sein wird, wenn wir es überzeugend gut* machen. *Kein höh're Wesen, keine Logik der Geschichte, keine der technologischen Entwicklung eingeborene Rationalität werden uns dabei vor Fehlern bewahren. Die Zukunft ist ungewiss. Wer die Dinge verantwortungsvoll ansieht, wird insoweit auf Erlösung nicht hoffen.*

Brandt fragt dann danach, welche Bedeutung „die Zerstörung der alten Heilsgewissheit für die SPD im Geschichtsabschnitt, der vor uns liegt", haben wird; er verweist darauf, dass bereits mit dem Godesberger Programm von 1959 der Abschied vom „Glauben an den naturnotwendigen Aufstieg zum Sozialismus" begonnen habe und fragt dann: *Ist der demokratische Sozialismus überhaupt noch verlokkend ohne die Utopie, die große Hoffnung, mindestens eine Gewissheit, die die Partei im Kern ihres politischen Anliegens stützt?* Für Brandt ist dies eine rhetorische Frage, denn die SPD sei *„durchaus nicht jeder Utopie, Hoffnung, Gewissheit ledig, sondern nur jener naiven Zutraulichkeit in den Gang der Dinge".*

> *Die Sozialdemokraten von heute sind mit der überkommenen Zielansprache ihrer Partei durchaus einig: der Utopie seiner sozialen Ordnung ohne Ausbeutung, ohne Erniedrigung, ohne Not, einer Gesellschaft der Freien und der Gleichen, in der die freie Entwicklung eines und einer jeden die Bedingung ist für die freie Entwicklung aller.*

So stand es schon im Kommunistischen Manifest von 1848. Brandt fügt dann noch Sätze hinzu, die ins Stammbuch der SPD von heute gehören:

> *Die sozialdemokratische Partei wäre zu wenig nutze, wenn sie die reelle Hoffnung auf eine lebenswerte Zukunft nicht hätte und nicht weiter trüge. Sie ist im Gegensatz zu dem Bild, das man mancherorts von ihr zeichnet, durchaus lebendig und in weiten Teilen Teilen eifrig dabei, den Verschleiß, mit dem jede große Organisation periodisch zu kämpfen hat, zu beseitigen.*[1]

Welche Geltung haben Willy Brandts Gedanken und Perspektiven heute, noch, weiterhin, erst recht?

Demokratie, wie Willy Brandt sie verstand, gibt es weder allgemein noch ubiquitär. ‚Demokratie' ist zwar unter vielen Namen zu erhalten, aber sie ist dann nicht wirklich Demokratie.[2] Diese beschränkt sich im Wesentlichen auf das ‚alte' Europa und die USA, hier besonders, aber eigentlich überall mit vielen Defiziten behaftet. Anders kann es nicht sein: Demokratie als Produkt der europäischen Aufklärung des 18. Jahrhunderts ist nie ungefährdet gewesen, und sie hat den im 20. Jahrhundert an sie gestellten Anspruch, sich zum Prinzip der gesellschaftlichen Partizipation zu erweitern, nicht erfüllen können, bislang jedenfalls nicht. Die EU z. B. entspricht gerade so den Anforderungen an die Gestaltung einer repräsentativen Demokratie und ist weit entfernt von dem Modell der partizipativen Demokratie. In den repräsentativ-demokratischen Nationalstaaten findet ‚Politik' tendenziell in abgeschotteten, von Parteiführern und Bürokraten gelenkten Sphären statt. Der Bürger ist kein Bürger (mehr?), sondern ein ferngesteuerter, auch von den Medien als ‚Vierter Gewalt' eigennützig benutzter Teilnehmer am Marktgeschehen in Politik und Wirtschaft. *Freiheit und Selbstbestimmung* werden schimärisch, je größer in den Räumen der politischen Interaktion die Abhängigkeit von politisch unkontrollierter ökonomischer Macht wird.

Die in Aufklärung und emanzipatorischem Denken verwurzelten Demokratien haben inzwischen gelernt, dass durch ihre Institutionen und willensbildenden Regelwerke nicht automatisch verantwortungsbewusste Handlungsbereitschaft entsteht. Offensichtlich wird dies sogar immer schwieriger, weil die Demokratien im Sog der Globalisierung unter dem Diktat des Primats der Ökonomie ihre Steuerungsfähigkeit verlieren, so dass die alte Frage ihre Berechtigung wieder findet, ob denn der Kapitalismus als dominantes ökonomisches Prinzip überhaupt demokratisches Zusammenleben ermöglichen kann. Hinweise auf eine verneinende Antwort gibt es genug. China z. B. bringt gegenwärtig erfolgreich eine Abart der kapitalistischen Produktionsweise hervor, die, was ihren Ausbeutungscharakter angeht, auch in den europäischen Frühformen der kapitalistischen Expansion nicht ihresgleichen finden wird, und China ist eine kommunistische Diktatur immer noch totalitären Ausmaßes und mit starken ethnisch-kulturellen Segmenten durchsetzt. Russlands ökonomische Expansion beruht auf der politischen Ebene auf einem scheindemokratisch geschmückten Autokratismus, der seine Herkunft aus einer kommunistischen Diktatur gemischt mit vorkommunistischen Residuen nicht verleugnen kann. In Italien schreibt gerade ein erfolgreicher national-konservativer Geschäftsmann mit der nach repräsentativ-demokratischen Regularien erworbenen Zustimmung des Volkes seine angeblich wahre Geschichte Italiens ...

Die Glanzzeit der *Parteiendemokratie* scheint vorüber.[3] Zu Brandts Zeiten konnte die SPD als deren gelungenstes Vorbild gelten: verschiedene Strömungen einer aktiven und zur Partizipation bereiten und befähigten Bürgerschaft zur politischen Willensbildung bündeln, der Wählerschaft Angebote für ein realitätsfähiges Politikkonzept vorlegen, in der Partei selbst, für die Öffentlichkeit nachvollziehbar, über politisch-gesellschaftliche Grundorientierungen diskutieren, und das alles, ohne eine ‚Allerweltspartei' zu werden. Gegenwärtig sprechen nicht nur die Experten von der ‚Krise der Parteiendemokratie', sondern die Wähler ‚fühlen' sie auch. Und gerade jene SPD, die einmal, nehmt alles nur in allem, Brandts SPD war, befindet sich anscheinend im freien Fall – wohin?

Eine von Willy Brandt immer wieder hervorgehobene Kategorie von weltweiter Bedeutung sind die *Menschenrechte.* Was man kaum glauben mag: Menschenrechte gibt es nirgendwo kodifiziert oder aus einem theoretischen System entwickelt und begründet. Eine ‚wilde' Idee also, die dennoch weltweit seit mehr als 200 Jahren anerkannt ist und es denen, die sie verleugnen, inzwischen schwer macht, dies zu erklären. Theoretisch handelt es sich um ein Erfolgsmodell, praktisch nicht. Menschenrechte sind elementare Rechte, die nur in und durch eine politische Gemeinschaft, die den Namen Demokratie zu Recht trägt, verwirklicht werden können. Das ist ein Versprechen, keine adäquate Realität.

Das Problem Menschenrechte führt zu der Frage nach dem *Menschenbild*, verkürzt gesagt zu der Frage, ob der Mensch kann, was er sollte. Offensichtlich gibt es eine anthropologisch begründbare und deshalb auch durch nichts aufhebbare, teilweise einander entgegen gesetzte Vieldimensionalität des Menschen, die noch durch ethnisch-kulturelle Vielfalt verstärkt wird. Daraus folgt, dass homogene Gesellschaften nur durch Terror in totalitären Diktaturen erzeugt werden können. Homogenität, also Einheitlichkeit, und Demokratie indessen passen nicht zusammen, während Vielheit dagegen zur Demokratie gehört. So befinden sich Demokratien ständig in einem selbstkritischen Diskurs, der oft als Krise missverstanden wird.

Zu den Spannungsfeldern einer sich als demokratisch verstehenden Gesellschaft gehört vom Beginn der Geschichte der Demokratie an die Bestimmung des Verhältnisses von *Freiheit und Gleichheit,* ein Problem, mit dem sich ja auch Willy Brandt konfrontiert fand. Brandt sah in der Gleichheit (nicht im Gleichsein) die Voraussetzung für die Freiheit der vielen. Die umstrittene Verwendung des Gleichheitsbegriffs führte zu einer begrifflichen Modifikation: statt missverständlich von Gleichheit als Gleichmacherei zu sprechen, wird gegenwärtig der Begriff *soziale Gerechtigkeit* bevorzugt.[4] Dieser Ersatz-Begriff hat seinen Ursprung in der Katholischen Soziallehre und fand zunächst nur individualethische Verwendung; inzwischen besitzt er den Rang einer sozialethischen Kategorie und gilt als dauernder Auftrag an Staat und Gesellschaft, eine sozial gerechte Wirtschaftsordnung herzustellen. Dieser Auftrag hat Prozesscharakter, bedarf also der ständigen Erneuerung oder doch Überprüfung, wenn soziale Gerechtigkeit als Grundprinzip der gesellschaftlichen Verfassung erhalten bleiben soll. Augenscheinlich ist genau dies gefährdet, wie man an der Aufspaltung des Begriffs in Segmente, wenn nicht sogar schon an seine Reduktion auf Begriffshülsen erkennen kann: Marktgerechtigkeit, Verteilungsgerechtigkeit, Leistungsgerechtigkeit, Bedarfsgerechtigkeit, Generationengerechtigkeit ...

Mit *Solidarität*[5] wird die gegenseitige Verbundenheit und wechselseitige Verpflichtung zwischen Individuen und/oder sozialen Gruppen verstanden. Sicherlich können kleinere Gruppen per se ein dichteres Netz von Solidarität bilden; aber auch Großgruppen wie soziale Bewegungen, Parteien, Gewerkschaften, sogar der Nationalstaat als Sozialstaat können Solidarität erzeugen und gewähren. Kriterien für Solidaritätsbildungen sind sozialer Protest, gemeinsame Interessenlagen, oft emotional ausgelöste Mitleidenschaft oder/und sozialmoralische Motivierung. Solidarität, so verstanden, ist in den letzten Jahrzehnten in den Großgruppen europaweit erheblich zurückgegangen, so dass von Entsolidarisierung gesprochen wird, die fortlaufend soziale Ungleichheiten und gesellschaftliche Marginalisierungen erzeugt. Lebensweltliche verbindliche Normierungen fehlen oder gehen verloren, ebenso traditionale Eigenheiten einbeziehende Lebensstile, sozialmoralisch verpflichtende Milieus, solidargemeinschaftliche Netzwerke, von denen die alte Arbeiterbewegung zwar nicht alles, aber auch nicht wenig zu bieten hatte.

Das Verschwinden der Solidarität hängt, so wird allgemein angenommen, mit dem *Wertewandel* zusammen, der Ende der 1960er Jahre begann. Große Teilbereiche der Gesellschaft haben ihn bereits hinter sich: Familie, Geschlechterbeziehungen, Bildung, Religion und Freizeit. Auch die ‚Arbeitsgesellschaft' schien betroffen, entstanden doch mit neuen nachindustriellen Formen der Arbeit auch neue Anschauungen über die Bedeutung der Arbeit. Doch Arbeit in ihrer Form als Erwerbsarbeit hat ihren Rang im Leben der Menschen behalten: Arbeit stiftet Lebenssinn, gibt die Möglichkeit zur Selbstfindung und Selbstbestimmung. Es bestehen sogar Hinweise darauf, dass sich in der postindustriellen Arbeitswelt Orientierungsmuster weg von Individualisierung und Entsolidarisierung herausbilden könnten und eine Werteskala entsteht, die sich als eine Variation alter abgelegter Sekundärtugenden erweisen: Zuverlässigkeit, Ordnung, Anstrengung. Zugleich aber verlieren Status-, Standes- und Herkunftsgrenzen überall in der Welt, die durch Bildung und Weiterbildung geprägt sein wird, ihre Bedeutung.

Die Delegation von Souveränität des Nationalstaates auf die europäische Ebene nimmt einerseits zu, andererseits wächst allgemein auch in Deutschland das Bedürfnis nach Orientierung an *Nation,* sogar *Vaterland* als haltende Kräfte in einer sich fortlaufend erweiternden und verändernden Welt. Der Eindruck eines ‚spielerischen" Patriotismus, in dem sich dieses Bedürfnis ausdrückt, verbreitet sich. Ohne die Frage nach der Bedeutung von Nation, Nationalstaat, Nationalismus und Patriotismus, die sich im deutschen Kontext unvermeidlich stellen muss, vertiefen zu können, darf man wohl gegenwärtig davon ausgehen, dass im vereinigten Deutschland extreme traditionale Belastungen nur eine Minderheitenposition kennzeichnen. Das heißt nicht, dass man sie übersehen darf. Aber eine aufgeklärte Wahrnehmung, dass der Stellenwert des ‚Nationalen' relativiert ist, macht es leichter, ‚deutsch' zu sein, wieder, wieder gerne oder überhaupt erst einmal.[6]

Möglicherweise kommen mit dieser zivilgesellschaftlichen Verallgemeinerung des aufgeklärten deutschen *Patriotismus* im Zeitalter der Globalisierung neue Aufgaben auf den Rest-Nationalstaat zu: eine Kultur der sozialstaatlichen Solidarität zu schaffen, die Verbindungsstelle für eher kleinräumig wirkende zivilgesellschaftliche Aktivitäten zu bilden und diese in die politischen Willensbildungsprozesse der repräsentativen Demokratie einzuschleusen. Damit wären partizipative und repräsentative Demokratie miteinander verkoppelt zur Herstellung des sozialen Gleichgewichts. Dazu gehörte dann auf beiden Ebenen die Mitbeteiligung an der Verfügung über Ressourcen und Machtpotentiale der Marktwirtschaft, wenn sie begründet weiter eine soziale genannt werden soll.[7]

→ Willy Brandts Werte-Trias lautete: *Frieden* in der Welt, *Freiheit* für die vielen, politisch gesicherte und gesellschaftlich vollendete *Demokratie.*

→ Dem *demokratischen Sozialismus* wies er die Rolle eines alternativen Prinzips zum unzulänglich Bestehenden und zugleich einer regulativen Idee des emanzipatorischen Fortschritts zu. Der demokratische Sozialismus war der Kompass für das Handeln, das immer zu motivieren und zu korrigieren sein würde.

→ Noch ist nichts von dem, was Willy Brandt, der andere Deutsche, dachte und einforderte, überholt, erledigt und könnte dem Vergessen anheim fallen. Es ist wahr: Die Zukunft bleibt ungewiss, aber wahr bleibt auch: Die Möglichkeit des wertebezogenen Fortschritts bleibt erhalten, und es besteht die Chance, in solidarischer Gemeinschaft mit anderen die Würde des Menschen zu bewahren und sich um die Verwirklichung seiner Rechte zu bemühen.

Danksagung

Die Autorin dankt

ihren Kollegen Peter Brandt und Einhart Lorenz sowie Volker Riegger für Ansporn und Beratung

Jürgen Albers und Oliver Schael für die Herstellung und Korrektur des Manuskriptes

Harry Scholz und seinen Mitarbeitern im Willy-Brandt-Archiv für ihre Recherchen

der Bundeskanzler-Willy-Brandt-Stiftung, Berlin, und dem Verlag J. H. W. Dietz Nachf. GmbH, Bonn, für die Erteilung der Abdruckrechte der aus der „Berliner Ausgabe" von Willy Brandt entnommenen Zitate und Dokumententeile

Anmerkungen

Anmerkungen zur Vorbemerkung

1 Gregor Schöllgen, Willy Brandt. Die Biographie, Berlin, München 2001, S. 7.
2 Die Dokumentation der Konferenz erschien unter dem gleichen Titel, Köln 1984, Zitat S. 70.
3 Vgl. Helga Grebing, Peter Brandt, Ulrich Schulze-Marmeling (Hrsg.), Sozialismus in Europa – Bilanz und Perspektiven. Festschrift für Willy Brandt, Essen 1989.
4 Frankfurter Rundschau vom 28.11.1988.
5 Die Berliner Ausgabe von Willy Brandt wird im Auftrag der Bundeskanzler Willy-Brandt-Stiftung herausgegeben von Helga Grebing, Gregor Schöllgen und Heinrich August Winkler und umfasst zehn Bände, von denen seit 2000 neun Bände erschienen sind.

Anmerkungen zu 1. Willy Brandt-Bilder

1 Peter Merseburger, Willy Brandt 1913–1992. Visionär und Realist, Stuttgart, München 2002, S. 3. – Erwähnt seien neben Schöllgen, Willy Brandt, noch als ‚gängig' zu bezeichnende Biografien: Peter Koch, Willy Brandt. Eine politische Biographie, 2. Aufl. Berlin, Frankfurt a. M. 1992 und die Neubearbeitung des 1988 zuerst erschienenen Buches von Carola Stern, Willy Brandt, Reinbek 2002, das auf 186 Seiten sehr ausgewogen eine Fülle von Informationen bietet.
2 Peter Glotz, Der lange Heimweg. Zum Tode von Willy Brandt, in: Die Neue Gesellschaft/Frankfurter Hefte 39. Jg., 1992, H. 11, S. 965.
3 Einhart Lorenz, Willy Brandt, Berliner Ausgabe Bd. 1: Hitler ist nicht Deutschland. Jugend in Lübeck – Exil in Norwegen 1928–1940, Bonn 2002, Einleitung S. 25.
4 Vgl. vor allem: Bruno Kreisky, Zwischen Zeiten. Memoiren erster Teil, Wien, München 1986; Horst Ehmke, Mittendrin. Von der Großen Koalition zur Deutschen Einheit, Berlin 1994; Helmut Schmidt, Weggefährten. Erinnerungen und Reflexionen, Berlin 1996; Egon Bahr, Zu meiner Zeit, München 1996; Klaus Harpprecht, Im Kanzleramt. Tagebuch der Jahre mit Willy Brandt, Hamburg 2000.
5 Willy Brandt, Mein Weg nach Berlin, aufgezeichnet von Leo Lania,

München 1960; ders., Über den Tag hinaus. Eine Zwischenbilanz, Hamburg 1974; ders., Begegnungen und Einsichten. Die Jahre 1960–1975, Hamburg 1976; ders., Links und frei. Mein Weg 1930–1950, Hamburg 1982; ders., Erinnerungen (1989), 5. Aufl. (mit einem aktuellen Vorwort) Frankfurt a. M., Berlin 1993. – Zu Ungenauigkeiten und widersprechenden Mitteilungen in den verschiedenen Bänden vgl. Einhart Lorenz, Willy Brandts Exil im Spiegel seiner Erinnerungen und seiner Biografen, in: Exilforschung Bd. 23, 2005, S. 57–69; s. auch: Martin Wein, Willy Brandt. Das Werden eines Staatsmannes, Berlin 2003.

6 Rut Brandt, Freundesland, Düsseldorf 1996; dies., Wer an wen sein Herz verlor. Begegnungen und Erlebnisse, München 2003; Lars Brandt, Andenken, München 2006; vgl. die Kontroverse über den Film „Im Schatten der Macht" in der Süddeutschen Zeitung vom 29. und 30.10.2003; zu Matthias Brandt vgl. Hermann Schreiber, Herzliche Sprachlosigkeit, in: Süddeutsche Zeitung vom 3./4.8.2002; Brigitte Seebacher, Willy Brandt (2004), ungekürzte Taschenbuchausgabe München 2006.

7 Vor allem: Wolfgang Schmidt, Kalter Krieg, Koexistenz und kleine Schritte. Willy Brandt und die Deutschlandpolitik 1948–1963, Wiesbaden 2001; ders., Die Wurzeln der Entspannung. Der konzeptionelle Ursprung der Ost- und Deutschlandpolitik Willy Brandts in den fünfziger Jahren, in: Vierteljahrshefte für Zeitgeschichte 51. Jg., 2003, H. 4, S. 521–63; Frank Fischer, „Im deutschen Interesse". Die Ostpolitik der SPD von 1969 bis 1989, Husum 2001; Rainer Behring, Demokratische Außenpolitik für Deutschland. Die außenpolitischen Vorstellungen deutscher Sozialdemokraten im Exil 1933–1945, Düsseldorf 1999; Daniela Münkel, Willy Brandt und die „Vierte Gewalt". Politik und Massenmedien in den 50er bis 70er Jahren, Frankfurt a. M. u. a. 2005.; dies., Bemerkungen zu Willy Brandt, Berlin 2005; Daniel Friedrich Sturm, Uneinig in die Einheit. Die Sozialdemokratie und die Vereinigung Deutschlands 1989/90, Bonn 2006.

8 Die Kennzeichnung ‚Vierte Karriere' benutzt Merseburger, Brandt, S. 739. Merseburgers Biografie demonstriert das angedeutete Dilemma der Brandt-Historiografie: von 855 reinen Textseiten (also ohne Anmerkungen und Literaturhinweise) sind gerade 216 Seiten dem Leben und Wirken Brandts nach 1974 bis zu seinem Tod 1992 gewidmet.

9 Das Willy-Brandt-Archiv (WBA) im Archiv der sozialen Demokratie (AdsD) der Friedrich-Ebert-Stiftung (FES) in Bonn umfasst ca. 400 laufende Meter Akten, zuzüglich einer umfangreichen Fotosammlung sowie Devotionalia. Die Akten sind aus Brandts politischem Werdegang als SAP-Mitglied im Exil, Regierender Bürgermeister von Berlin, Außenminister und Bundeskanzler, SPD-Parteivorsitzender und Präsident der Sozialistischen Internationale sowie aus seiner publizistischen Tätigkeit erwachsen. Ergänzende Materialien aus der Exilzeit befinden

sich im SAP-Archiv im Arbeiderbevegelsens Arkiv og Bibliotek (Archiv und Bibliothek der Arbeiterbewegung) in Oslo und im Arbetarrörelsens Arkiv och Bibliotffek (Archiv und Bibliothek der Arbeiterbewegung) in Stockholm.

10 So die Herausgeber in ihrem gleichlautenden Vorwort zu den einzelnen Bänden der „Berliner Ausgabe".

Anmerkungen zu 2. Ein „norddeutscher Arbeiterjunge" auf dem Weg nach oben

1 So Willy Brandt sich selbst kennzeichnend in: Brandt, Links und frei, S. 10. – Für dieses Kapitel verwendet wurden: Einhart Lorenz, Willy Brandt in Norwegen: die Jahre des Exils 1933 bis 1940, Kiel 1989; Brandt, Berliner Ausgabe Bd. 1; ders., Berliner Ausgabe Bd. 2, Zwei Vaterländer. Deutsch-Norweger im schwedischen Exil – Rückkehr nach Deutschland 1940–1947. Bearbeitet von Einhart Lorenz, Bonn 2000; Martin Wein, Willy Brandt. Das Werden eines Staatsmannes, Berlin 2003.

2 Vgl. Brandt, Links und frei, S. 27.

3 Artikel Brandts im Lübecker Volksboten vom 11. März 1930. „Die Jungens vom Hakenkreuz", in: Brandt, Berliner Ausgabe Bd. 1, Dokument Nr. 3, S. 83f., Zitat S. 84.

4 Vgl. hierzu Helga Grebing, Geschichte der deutschen Arbeiterbewegung. Von der Revolution 1848 bis ins 21. Jahrhundert, Berlin 2007, S. 97–109.

5 Brandt, Berliner Ausgabe Bd. 1, Dokument Nr. 13, S. 115–120, Zitat S. 117, 118.

6 Brandt, Berliner Ausgabe Bd. 1, Dokument Nr. 17, S. 122–134.

7 Vgl. Lorenz, Willy Brandt in Norwegen; ders., Mehr als Willy Brandt. Die Sozialistische Arbeiterpartei Deutschlands (SAP) im skandinavischen Exil, Frankfurt a. M. 1997; ders., Einleitungen in: Brandt, Berliner Ausgabe Bd. 1 u. 2; ders., Willy Brandt und Norwegen 1933–1947, in: Thomas Sirges, Birgit Mühlhaus (Hrsg.), Willy Brandt. Ein deutschnorwegisches Politikerleben im 20. Jahrhundert, Frankfurt a. M. 2002.

8 Brandt, Links und frei. Vorwort, S. 8: ders., Erinnerungen, S. 90.

9 Einen informativen Überblick für die Zeit bis zum Ende des Zweiten Weltkriegs enthält das Kapitel 1 von: Wolfgang Schmidt, Kalter Krieg, Koexistenz und kleine Schritte. Willy Brandt und die Deutschlandpolitik 1948–1963, Wiesbaden 2001. – Vgl. für den Ausgangspunkt der Kritik: Willy Brandt, Ein Jahr Krieg und Revolution in Spanien. Referat auf der Sitzung der erweiterten Parteileitung der SAP, Anfang Juli 1937, in: Brandt, Berliner Ausgabe Bd. 1, Dokument Nr. 46, S. 306–342.

10 Brandt, Berliner Ausgabe Bd. 1, Dokument Nr. 58, S. 421, 422.

11 Ebenda, Dokument Nr. 59, S. 422–425.

12 Ebenda, Dokument Nr. 61, S. 432f.
13 Brandt, Berliner Ausgabe Bd. 2, Dokument Nr. 5, S. 96.
14 Brandt, Berliner Ausgabe Bd. 1, Dokument Nr. 54, S. 364f.
15 Vgl. Wein, Willy Brandt, S. 185.
16 Vgl. Helga Grebing (Hrsg.), Entscheidung für die SPD. Briefe und Aufzeichnungen linker Sozialisten 1944–1948, München 1984.
17 Brandt, Berliner Ausgabe Bd. 2, Dokument Nr. 10, S. 213–215. Gleichfalls traten u. a. Werner und Eleonore Buchheister in die SPD ein.
18 Vgl. Mitteilungen der Sozialdemokraten Deutschlands in Schweden Nr. 1, Januar 1946. Arbetarrörelsens Arkiv och Bibliotek in Stockholm, Box 1124, 11181 Stockholm = SPD Schweden Bd. 3.
19 Brandt, Berliner Ausgabe Bd. 2, Dokument Nr. 8, S. 163f.; so auch: Willy Brandt, Efter segern, Stockholm 1944 = Dokument Nr. 7 (Auszug).
20 Das Buch liegt jetzt in deutscher Sprache vor, eingeleitet und kommentiert von Einhart Lorenz, erschienen in der Reihe „Willy-Brandt-Dokumente" der Bundeskanzler-Willy-Brandt-Stiftung, Bonn 2007, Zitat S. 37f.
21 Brandt, Berliner Ausgabe Bd. 2, Dokument Nr. 6, S. 111; so auch Brandt, Efter segern, Vorwort.
22 Willy Brandt, Norwegens Freiheitskampf 1940–1945, Hamburg 1948, S. 6.

Anmerkungen zu 3. Willy Brandts andere deutsche Republik

1 Willy Brandt an Stefan Szende am 8. und am 22.10.1946. Teilabdruck in: Brandt, Berliner Ausgabe Bd. 2, Dokumente Nr. 24 u. 25, Zitat S. 317.
2 Zitiert von Rut Brandt, Wer an wen sein Herz verlor, S. 37.
3 Schreiben Brandts an Walcher 10. Juni 1946, in: Brandt, Berliner Ausgabe Bd. 2, Dokument Nr. 23, S. 310ff. – Brandt bezieht sich in seinem Schreiben auf seinen Brief an Walcher vom 30. April 1946 (s. Brandt, Berliner Ausgabe Bd. 2, Dokument Nr. 20) und auf das Dokument Nr. 18 vom März 1946 (Ebenda).
4 Rut Brandt, Wer an wen sein Herz verlor, S. 32.
5 WBA, A6, 2. – Myrdal war zum Generaldirektor der Wirtschaftskommission der Vereinten Nationen in Genf ernannt worden und hatte bei Brandt angefragt, ob er ihm bei der Presse- und Öffentlichkeitsarbeit helfen wolle.
6 Brandt, Berliner Ausgabe Bd. 2, Dokument Nr. 29, S. 332f.
7 Willy Brandt, Berliner Ausgabe Bd. 3, Berlin bleibt frei. Politik in und für Berlin 1947–1966. Bearbeitet von Siegfried Heimann, Bonn 2004, Dokument Nr. 1, S. 100, 103.
8 Willy Brandt, Berliner Ausgabe Bd. 4, Auf dem Weg nach vorn. Willy Brandt und die SPD 1947–1972. Bearbeitet von Daniela Münkel. Bonn 2000, Dokument Nr. 2, Zitate S. 89, 90.

9 Vgl. Siegfried Heimann, Einleitung zu Brandt, Berliner Ausgabe Bd. 3; Schmidt, Kalter Krieg.

10 So Heinrich Potthoff in: Stand und Perspektiven der Willy-Brandt-Forschung. Werkstattgespräche zur Berliner Ausgabe am 29. Januar 2003, herausgegeben von Wolfgang Schmidt, S. 69. [http://www.bwbs.de/bwbscontent/content/htdocs/media/workshop2003.pdf].

11 Rede Willy Brandts vor Funktionären der Berliner SPD am 12. März 1948, in: Brandt, Berliner Ausgabe Bd. 3, Dokument Nr. 2, S. 104ff.

12 Brandt, Berliner Ausgabe Bd. 3, Dokument Nr. 3, S. 114.

13 Vgl. Helga Grebing, Kurt Schumacher als Parteivorsitzender und seine Kontrahenten, in: Kurt Schumacher und seine Politik. Haus der Geschichte der Bundesrepublik Deutschland, Bonn, Berlin 1996, S. 13–28.

14 Rede Willy Brandts auf dem Landesparteitag der Berliner SPD am 22. Mai 1955, in: Brandt, Berliner Ausgabe Bd. 3, Dokument Nr. 25, Zitat S. 192.

15 Vgl. den Vortrag von Brandt über „Forderungen und Möglichkeiten der Demokratie in der internationalen Politik" im Philosophischen Diskussionsklub in Stockholm am 4. Februar 1945; Vortrag Brandts über „Deutschlands außenpolitische Stellung nach dem Kriege" auf der Mitgliederversammlung der SPD-Ortsgruppe Stockholm am 9. Februar 1945. Beide Texte in: Brandt, Berliner Ausgabe Bd. 2, Dokumente Nr. 11 und 12, Zitate S. 224, 231. – Zur Vertreibung vgl.: Brandt, Verbrecher und andere Deutsche, S. 169, 222, 242f.; s. auch die in Anm. 11 genannte Rede von Willy Brandt im März 1948, S. 107.

16 Von Bonn nach Berlin. Eine Dokumentation zur Hauptstadtfrage von Willy Brandt, Berlin 1956, S. 13.

17 Schreiben des Regierenden Bürgermeisters von Berlin, Brandt, an den stellvertretenden Vorsitzenden der SPD, von Knoeringen, vom 27. August 1959, in: Brandt, Berliner Ausgabe Bd. 3, Dokument Nr. 49, Zitat S. 269f.

18 Rede Willy Brandts zur 150. Wiederkehr des Geburtstags von Abraham Lincoln am 13. Februar 1959 in Springfield/USA, in: WBA, A3, 91.

19 Vgl. Willy Brandt, Koexistenz – Zwang zum Wagnis, Harvard-Reden, Oktober 1962, Stuttgart 1963, S. 14.

20 Vgl. hierzu Wolther von Kieseritzky, Einleitung zu: Willy Brandt, Berliner Ausgabe Bd. 7, Mehr Demokratie wagen. Innen- und Gesellschaftspolitik 1966–1974, Bonn 2001; ders. in: Werkstattgespräch (Anm. 10). Vgl. auch: Willy Brandt, Friedenspolitik in unserer Zeit. Rede am 11.12.1971 anlässlich der Verleihung des Friedensnobelpreises in der Universität Oslo, in: Bulletin des Presse- und Informationsamtes der Bundesregierung Nr. 184, S. 1992.

21 Abschiedsrede Willy Brandts auf dem außerordentlichen Parteitag der

SPD am 14. Juni 1987 in Bad Godesberg, in: Protokoll der Verhandlungen des Parteitags, S. 32.

22 Genauere Informationen in: Helga Grebing (Hrsg.), Geschichte der sozialen Ideen in Deutschland, 2. Auf. Wiesbaden 2005, S. 383f.

23 Brandt, Berliner Ausgabe Bd. 2, Dokument Nr. 5, Zitat S. 90.

24 Rede Willy Brandts auf dem Landesparteitag der Berliner SPD am 8. Mai 1949, in: Brandt, Berliner Ausgabe Bd. 4, Dokument Nr. 5, S. 89ff.; ders., Weitergeführte Demokratie, in: Der Monat 1. Jg., 1949, Nr. 5 (Februar), S. 29–33. – Der Beitrag nimmt die Ausführungen auf dem o. g. Parteitag in komprimierter Form vorweg.

25 Interview des Vorsitzenden der SPD und Regierenden Bürgermeisters von Berlin, Brandt, mit Günter Gaus im ZDF am 25. September 1964, in: Brandt, Berliner Ausgabe Bd. 4, Dokument Nr. 54, Zitat S. 317f.

26 Willy Brandt, Rede auf dem SPD-Parteitag 21.–25. November 1960 in Dortmund, in: Protokoll der Verhandlungen des Parteitags, S. 661.

27 WBA, A3, 211.

28 Willy Brandt, Nicht auf Wunder warten, in. Vorwärts Nr. 26, 30.6. 1965, S. 6; ders., Rede auf dem SPD-Parteitag 1.–5. Juni 1966 in Dortmund, in: Protokoll der Verhandlungen des Parteitags, S. 66.

29 Vgl. Klaus Schönhoven, Wendejahre. Die Sozialdemokratie in der Zeit der Grossen Koalition 1966 – 1969, Bonn 2004.

30 Bruno Heck, Demokraten oder Demokratisierte?, in: Die politische Meinung 14. Jg., 1969, H. 3, S. 11–18, Zitat S. 18.

31 Willy Brandt, Die Alternative, in: Die Neue Gesellschaft 16. Jg., 1969, S. 3–4.

32 Brandt, Über den Tag hinaus, S. 266f., 269f., 273.

33 Vgl. Kieseritzky, Einleitung; vor allem: ders., „Wie eine Art Pfingsten ..." Willy Brandt und die Bewährungsprobe der zweiten deutschen Republik, in: Frank Möller (Hrsg.), Charismatische Führer der deutschen Nation. München 2004, S. 319–258; Inge Marßolek, Heinrich Potthoff (Hrsg.), Durchbruch zum modernen Deutschland? Die Sozialdemokratie in der Regierungsverantwortung 1966–1982. Essen 1995.

34 Brandt, Berliner Ausgabe Bd. 7, Dokument Nr. 7, Dokument Nr. 36, S. 218–224 (gekürzt). Ungekürzt in: Auftakt zur Ära Brandt. Gedanken zur Regierungserklärung Willy Brandts vom 28. Oktober 1969 = Schriftenreihe der Bundeskanzler-Willy-Brandt-Stiftung (BWBS) H. 5, 1999, S. 67–98.

35 Horst Ehmke, Reformpolitik und „Zivilgesellschaft" = Schriftenreihe der BWBS H. 9, 2001.

36 So Glotz, Der lange Heimweg, S. 966.

37 WBA, A8, 19.

38 Vgl. Peter Brandt, Die deutsche Linke, die Arbeiterklasse und die nationalsozialistische „Volksgemeinschaft" in der Kriegs- und frühren Nach-

kriegszeit, in: Grebing, Brandt, Schulze-Marmeling (Hrsg.), Sozialismus in Europa, S. 288.

39 Hierzu vor allem: Münkel, Willy Brandt und die „Vierte Gewalt"; dies, Bemerkungen zu Willy Brandt; Kieseritzky, „Wie eine Art Pfingsten ...".

40 Mit diesem Problem befasst sie sich wiederholt in ihrem Buch: Seebacher, Willy Brandt; vgl. auch Peter Glotz, Willy Brandts Charisma = Schriftenreihe der BWBS H. 11, 2004.

41 Glotz, Der lange Heimweg.

Anmerkungen zu 4. Willy Brandt – ein ganz anderer Vorsitzender einer nicht ganz einfachen Partei

1 Brandt, Verbrecher und andere Deutsche. Das Buch erschien zuerst im Juni 1946 in Oslo, im August dann die schwedische Ausgabe in Stockholm. Die vollständige deutsche Übersetzung liegt jetzt (Bonn 2007) herausgegeben und eingeleitet von Einhart Lorenz in der Reihe Willy-Brandt-Dokumente Bd. 1 der Bundeskanzler-Willy-Brandt-Stiftung vor.

2 „Warum Eintritt in die Sozialdemokratie?" 25. September 1945, in: Willy Brandt, Berliner Ausgabe Bd. 2, Dokument Nr. 14, S. 248–250.

3 Schreiben Brandts an Walcher vom 30. April 1946, ebenda, Dokument Nr. 20, S. 301, 302.

4 Erklärung von Mitgliedern der SAP und des ISK in Hannover zum Eintritt in die SPD vom 5.9.1945, in: Grebing (Hrsg.), Entscheidung, S. 54–57.

5 Schreiben Brandts an Walcher, 30. April 1946, wie Anm. 3, S. 303.

6 Joseph Lang am 12.2.1946 an Kurt Oppler in Wiesbaden, in: Helga Grebing (Hrsg.), Entscheidung, S. 75, 81. „Linie" bedeutete die von der KPdSU vorgegebene Politik.

7 Willy Brandt an Stefan Szende, Oslo, 25. Mai 1946, WBA, A5, 14a; Willy Brandt an Irmgard und August Enderle, Nürnberg, 9. Februar 1946, WBA, A5, 14.

8 Rede des Vertreters des SPD-Vorstandes in Berlin, Brandt, auf dem VI. Landesparteitag der Berliner SPD, in: Brandt, Berliner Ausgabe Bd. 4, Dokument Nr. 5, S. 101, 102f., 109, 114f., 119.

9 Willy Brandt, Godesberg nicht verspielen! Rede zum 20. Jahrestag der Verabschiedung des SPD-Grundsatzprogramms am 14. November 1979 in Bonn. Hrsg. vom Vorstand der SPD, o. O. 1979, S. 12.

10 Vgl. hierzu Helga Grebing (Hrsg.), Geschichte der sozialen Ideen, S. 406–445.

11 Redebeitrag des Berliner Delegierten Brandt auf dem Parteitag der SPD in Hamburg, 25. Mai 1950, in: Willy Brandt, Berliner Ausgabe Bd. 4, Bonn 2000, Dokument Nr. 9, S. 141.

12 Ebenda, S. 140.
13 Referat des stellvertretenden Vorsitzenden des Landesverbandes der SPD Berlin, Brandt, auf dem XI. Landesparteitag der SPD in Berlin, 12. Juni 1954, in: Brandt, Berliner Ausgabe Bd. 4, Dokument Nr. 14, S. 156.
14 Schreiben Willy Brandts an den Vorsitzenden der SPD, Ollenhauer, vom 17. Juli 1959, in: Brandt, Berliner Ausgabe Bd. 4, Dokument Nr. 24, S. 202.
15 Brandt in der „Berliner Stimme" vom 12. September 1959, in: Brandt, Berliner Ausgabe Bd. 4, Dokument Nr. 26, S. 205; vgl. auch ebenda, Dokument Nr. 26, S. 206ff.: Redebeitrag von Willy Brandt auf dem Programmparteitag der SPD in Bad Godesberg am 13. November 1959.
16 Vgl. für die letzten beiden Absätze: Schreiben des Vorsitzenden der SPD, Brandt, an den Bundeskanzler, Schmidt vom 13. Juni 1976, in: Willy Brandt, Berliner Ausgabe Bd. 5, 2002, Dokument Nr. 35, S. 202; Willy Brandt, Abschiedsrede auf dem Außerordentlichen Parteitag der SPD 14. Juni 1987 in: Protokoll der Verhandlungen, S. 33f.; Willy Brandt, „... wir sind nicht zu Helden geboren." Ein Gespräch über Deutschland mit Birgit Kraatz, Zürich 1986, S. 15f.; Karsten Rudolph, Einleitung zu Willy Brandt, Berliner Ausgabe Bd. 5, S. 24ff.; Anne-Kathrin Oeltzen, Daniela Forkmann, Charismatiker, Kärrner, Hedonisten. Die Parteivorsitzenden der SPD, in: Daniela Forkmann, Michael Schlieben (Hrsg.), Die Parteivorsitzenden in der Bundesrepublik Deutschland 1949–2005, Wiesbaden 2005, S. 64–118; Franz Walter, Führung in der Politik am Beispiel sozialdemokratischer Parteivorsitzender, in: Zeitschrift für Politikwissenschaft 7. Jg., 1997, H. 4, S. 1287–1336.
17 Brandt, Kraatz, Ein Gespräch über Deutschland, S. 7.
18 Vgl. Brandt, Berliner Ausgabe Bd. 5, Dokument Nr. 12, Rudolph, Einleitung, S. 43.
19 Schreiben des Vorsitzenden der SPD, Brandt, an die Mitglieder der SPD vom 13. Mai 1974, in: Brandt, Berliner Ausgabe Bd. 5, Dokument Nr. 16, S. 139ff.
20 Peter von Oertzen, Horst Emke, Herbert Ehrenberg (Hrsg.), Orientierungsrahmen '85. Text und Diskussion. Bearbeitet von Heiner Lindner, Bonn 1972, Bonn 1972, Zitat: Vorbemerkung S. 5. – Zur Einordnung des Orientierungsrahmens s. Grebing, Geschichte der sozialen Ideen, S. 490–496.
21 Willy Brandt, Rede auf dem Parteitag der SPD 1984 in Essen, Protokoll der Verhandlungen des Parteitags, S. 432.
22 WBA, A 11.2, 140.
23 Schreiben des Vorsitzenden der SPD, Brandt, an den stellvertretenden Vorsitzenden der SPD, Schmidt, vom 2. November 1982, in: Brandt, Berliner Ausgabe Bd. 5, Dokument Nr. 89, S. 392.
24 Brandt, Berliner Ausgabe Bd. 4, Dokument Nr. 14, S. 156.
25 Vgl. Willy Brandt, Rede anlässlich des 100. Geburtstags des früheren

SPD-Vorsitzenden Otto Wels, 15. September 1973, in: Brandt, Berliner Ausgabe Bd. 5, Dokument Nr. 8; Willy Brandt, Rede anlässlich des 35. Jahrestages der Urabstimmung der SPD in den Berliner Westsektoren, 4. April 1981, in: ebenda, Dokument Nr. 75.

26 Artikel Willy Brandts im Vorwärts, 13. Oktober 1977, in: Brandt, Berliner Ausgabe Bd. 5, Dokument Nr. 52, S. 275.

27 Brandt, Abschiedsrede, S. 49.

28 Willy Brandt, Rede auf dem Symposium des SPD-Parteivorstandes anlässlich des 10. Todestages Willy Eichlers, 21. Oktober 1981, in: Brandt, Berliner Ausgabe Bd. 5, Dokument Nr. 79, S. 356, 357f., 361f. – Vgl. den gleichen Text: Willy Brandt, Sozialdemokratische Identität, in: Die Neue Gesellschaft 26. Jg., 1981, H. 12, S. 1065–1069.

29 Vgl. Süddeutsche Zeitung vom 8. Dezember 1981.

30 Vgl. SPD Pressemitteilungen und Informationen Nr. 732/81 vom 6. Dezember 1981; zu Wehner vgl. Christoph Meyer, Herbert Wehner. Biographie, München 2006.

31 Willy Brandt, Erinnerungen, S. 352.

32 Schreiben Willy Brandts an die SPD-Mitglieder, S. 140; Brandt, Über den Tag hinaus, S. 77.

33 Willy Brandt, Rede auf dem Parteitag der SPD 19.–23.4.1982 in München, in: Protokoll der Verhandlungen des Parteitags, S. 45.

34 Brandt, Abschiedsrede, S. 50.

35 Betrachtet man Mathiopoulos' spätere Karriere, kann man Zweifel haben, ob sie die in sie gesetzten Hoffnungen erfüllt hätte. Seit 2002 ist sie Mitglied der FDP und außen- und sicherheitspolitische Beraterin des FDP-Vorsitzenden Guido Westerwelle.

36 Namen werden nicht genannt; zu wenig ist der Vorgang historisch-professionell erforscht. Gute Orientierungen bieten die Berichte, die in den Monaten März bis Juni 1987 Rudolf Zundel, Gunter Hofmann, Robert Leicht und Martin E. Süskind in der Zeit und in der Süddeutschen Zeitung geschrieben haben. Margarita Mathiopoulos hat ein Buch veröffentlicht, in dem sie über viele schwer zu überprüfende Details berichtet: Das Ende der Bonner Republik, Stuttgart 1993. Sie hat nach Brandts Rücktritt auf das Amt der Pressesprecherin verzichtet.

37 Rücktrittserklärung des Vorsitzenden der SPD, Brandt, vor dem SPD-Parteivorstand am 23. März 1987, in: Brandt, Berliner Ausgabe Bd. 5, Dokument Nr. 101, S. 446.

38 Zur Frage nach den „Söhnen" vgl. Helga Grebing, Der „Middle of the road man". Johannes Rau und die Bundespolitik der SPD, in: Jürgen Mittag, Klaus Tenfelde (Hrsg.), Versöhnen statt spalten. Johannes Rau: Sozialdemokratie, Landespolitik und Zeitgeschichte, Oberhausen 2007, S. 259–268.

39 Diese Deutung verdanke ich Volker Riegger, München, der von 1972 bis 1986 enger Mitarbeiter von Willy Brandt gewesen ist.

40 Die Zeit vom 27. März 1987, S. 4.
41 Willy Brandt, Rede auf dem Programm-Parteitag der SPD am 18. Dezember 1989 in Berlin, in: Protokoll der Verhandlungen des Parteitags, S. 139.

Anmerkungen zu 5. Freiheit und Nation. Willy Brandts Vorstellung vom „anderen Deutschland" – nach Hitler

1 Peter Merseburger, Willy Brandt, in: Die Bundeskanzler und ihre Ämter. Hrsg. Stiftung Haus der Geschichte der Bundesrepublik, Bonn, Bundeskanzleramt, Berlin. Bonn, Heidelberg 2006, S. 103.
2 Seebacher, Willy Brandt, S. 63, 129, 158, 170, 171, 204, 299, 308.
3 Ebenda, S. 322.
4 Bulletin des Presse- und Informationsamts der Bundesregierung Nr. 184 vom 13. Dezember 1971, S. 1988.
5 Gunter Hofmann, Nach jedem Abschied ein Anfang, in: Die Zeit Nr. 43 vom 16. Oktober 1992, S. 20.
6 Einhart Lorenz, Einleitung zu Willy Brandt, Berliner Ausgabe Bd. 2, S. 36.
7 Brandt, Berliner Ausgabe Bd. 2, Dokument Nr. 26, S. 323.
8 Willy Brandt, Verbrecher und andere Deutsche, S. 346, 347 (Schlusssatz).
9 Erhard Eppler, „Die humanste Form der Macht", in: Der Spiegel Nr. 42 vom 12. Oktober 1992, S. 27, 28.
10 Willy Brandt, Die Lage der Nation, Rede auf dem SPD-Parteitag 1.–5. Juni 1966 in Dortmund, in: Protokoll der Verhandlungen des Parteitags, S. 65f.
11 Willy Brandt, Erinnerungen, S. 82.
12 Willy Brandt, Rede des Ehrenvorsitzenden der SPD, 18. Dezember 1989 in Berlin, in: Protokoll der Verhandlungen des Parteitags, S. 126.
13 Helga Haftendorn, Willy Brandt und die deutsche Außenpolitik – Brückenbau in der einen Welt, in: Bundeskanzler-Willy-Brandt-Stiftung, Stand und Perspektiven der Willy-Brandt-Forschung. Werkstattgespräch zur Berliner Ausgabe, hrsg. von Wolfgang Schmidt, Berlin 2003, S. 99, 100. [http://www.bwbs.de/bwbscontent/content/htdocs/media/workshop2003.pdf].
14 Willy Brandt, in: Verhandlungen des Deutschen Bundestags, 12. Wahlperiode, 82. Sitzung, 12. März 1992. Stenographische Berichte Bd. 161, S. 6716, 6717.
15 Willy Brandt, Rede aus Anlass des 40. Jahrestages der Wiederbegründung der Sozialistischen Internationale am 25. Juni 1991. WBA, A3, 1093. – Peter Bender, Als die Kommunisten ihren Glauben verloren, in: Süddeutsche Zeitung vom 2./3. Oktober 2007, S. 2.

16 Zur Nachkriegspolitik der deutschen Sozialisten, Stockholm Juli 1944. Brandt, Berliner Ausgabe Bd. 2, Dokument Nr. 8, S. 154–162.
17 Ebenda; in seinem Vortrag über „Deutschlands außenpolitische Stellung nach dem Kriege" vor der Mitgliederversammlung der SPD-Ortsgruppe Stockholm am 9. Februar 1945 äußerte sich Brandt identisch, vgl. Brandt, Berliner Ausgabe Bd. 2, Dokument Nr. 12, S. 231–239.
18 Seebacher, Willy Brandt, S. 171.
19 Willy Brandt, Arbeiter und Nation, hrsg. vom Vorstand der SPD, Bonn 1954, S. 5, 7, 26, 42, 63.
20 Schmidt, Kalter Krieg; ders., Die Wurzeln der Entspannung. Der konzeptionelle Ursprung der Ost- und Deutschlandpolitik Willy Brandts in den fünfziger Jahren, in: Vierteljahrshefte für Zeitgeschichte Jg. 51, H. 4, 2003, S. 521–563.
21 Schmidt, Die Wurzeln, S. 530, 532, 535.
22 Ebenda, S. 527, 543.
23 Brandt, Erinnerungen, S. 13, 16.
24 Vgl. Schmidt, Die Wurzeln, S. 542.
25 Willy Brandt, Was können wir zur Wiedervereinigung Deutschlands tun? (Broschüre) S. 8. WBA, A3, 73.
26 Brandt auf dem Außerordentlichen Parteitag der SPD 13. November 1959 in Bad Godesberg, in: Brandt, Berliner Ausgabe Bd. 4, Dokument Nr. 26, S. 209f.
27 Brandt, Rede im Politischen Club der Evangelischen Akademie Tutzing am 15. Juli 1963, in: Brandt, Berliner Ausgabe Bd. 3, Dokument Nr. 92, S. 447.
28 Brandt Reden 1961–1965. Ausgewählt und eingeleitet von Hermann Bortfeld, Köln 1965, S. 15.
29 Willy Brandt, Beitrag für die Harburger Anzeigen und Nachrichten zum 15. Jahrestag des Berliner Mauerbaus, in: Brandt, Berliner Ausgabe Bd. 9, Dokument Nr. 29, S. 187.
30 Willy Brandt, Interview für die Sendung ‚Kennzeichen D' des ZDF, 7. September 1976, in: Brandt, Berliner Ausgabe Bd. 9, Dokument Nr. 30, S. 189.
31 Willy Brandt, Wenn Europa wieder zusammenwächst, in: Die Zeit Nr. 47 vom 17. November 1989, S. 8.
32 Willy Brandt, Die Chancen der Geschichte suchen, in: Reden über das eigene Land: Deutschland, München 1984, S. 54–70.
33 Brandt bezieht sich hier auf ein Urteil des us-amerikanischen Publizisten Walter Lippmann aus dem Jahre 1953, die Tore zur Einheit Deutschlands seien nun geschlossen. Brandt bemerkt dazu, mit dem Abstand von mehr als dreißig Jahren sei festzustellen: „Die Analyse Lippmanns war nicht angenehm, aber sie war zutreffend. Ich füge hinzu: Sie gilt noch immer, und ich sehe nicht die Umstände, die zu einer Änderung der machtpolitischen Interessen führen könnten, die eine Voraussetzung wären für eine Änderung dieser Lage." Ebenda.

34 Willy Brandt, Deutsche Wegmarken. Berliner Lektion am 11. September 1988, S. 78, 79f., 80, 82.
35 Willy Brandt, Rede über „40 Jahre Grundsatz – Hoffnung und Verpflichtung" in der Friedrich-Ebert-Stiftung in Bonn, abgedruckt in der Frankfurter Rundschau vom 15. September 1988.
36 Brandt, Rede des Ehrenvorsitzenden, S. 127f.
37 Vgl. die Dokumentation der Rede und den Kommentar von Bernd Rother, in: Timothy Garton Ash, Wächst zusammen, was zusammengehört, Schriftenreihe der Bundeskanzler-Willy-Brandt-Stiftung Heft 8, Berlin 2001. – Die Rede existiert in zwei Fassungen: Handschriftliches Redemanuskript und gesprochene Rede, die den Nachsatz nicht enthält. In dem Band: Willy Brandt, „... was zusammengehört". Über Europa, Bonn 1993, heißt es, von Brandt autorisiert: „Aus dem Krieg und der Veruneinigung der Siegermächte erwuchs die Spaltung Europas, Deutschlands und Berlins. Jetzt wächst zusammen, was zusammengehört. Jetzt erleben wir ... die Teile Europas wachsen zusammen.", S. 36.
38 Brandt, Wenn Europa, S. 6. – So auch Brandt, Rede 40. Jahrestag.
39 Herbert Wehner, Wandel und Bewährung, Berlin 1968, S. 309. – Vgl. Helga Grebing, Sozialdemokratie und Nation. Zur Geschichte der Diskussion der „nationalen Frage" in der SPD vor und nach 1945, in: Klaus Schönhoven, Dietrich Staritz (Hrsg.), Sozialismus und Kommunismus im Wandel = Festschrift für Hermann Weber, Köln 1993, S. 69–90.
40 Vgl. Sturm, Uneinig in die Einheit; Helga Grebing, Geschichte der deutschen Arbeiterbewegung, S. 228ff.

Anmerkungen zu 6. Freiheit und Sozialismus. Willy Brandt über die Zukunft des demokratischen Sozialismus in der solidarischen Weltgesellschaft

1 Abituraufsatz in: Willy Brandt, Berliner Ausgabe Bd. 1, Dokument Nr. 9, S. 108.
2 Willy Brandt, Rede anlässlich des 125. Gründungstages der Nürnberger SPD am 13. September 1991, in: ders., Berliner Ausgabe Bd. 5, Dokument Nr. 109, S. 483. – Im handschriftlichen Entwurf dieser Rede steht „*demokratischer* Sozialismus", in der maschinenschriftlichen Fassung wird „demokratischer" durchgestrichen und handschriftlich ersetzt durch „*freiheitlicher*". In den Abdrucken in der Frankfurter Rundschau vom 17. September, in der Broschüre „Die Zukunft der Sozialdemokratie" (Bonn 1993) und in der Berliner Ausgabe bleibt es bei „*freiheitlicher Sozialismus*". In der Einladung der Nürnberger SPD wurde indessen der Begriff „demokratischer Sozialismus" verwendet. Willy Brandt hat nicht erst seit der ‚Wende' die Kennzeichnung „freiheitlicher Sozialis-

mus“ bevorzugt, die Parteien der Sozialistischen Internationale sprachen jedoch von „demokratischem Sozialismus“.

3 Brandt, Unsere Stellung zu Russland (1940), in: ders., Berliner Ausgabe Bd. 1, Dokument Nr. 64, S. 464.

4 Ebenda, S. 464.

5 Die Friedensziele der demokratischen Sozialisten, in: Brandt, Berliner Ausgabe Bd. 2, Dokument Nr. 5, S. 90.

6 Ebenda, Dokument Nr. 7, S. 153.

7 Brandt, Verbrecher und andere Deutsche, S. 307–319, Zitat S. 319.

8 Willy Brandt, Die weltpolitische Lage und die Aufgaben der SPD. Rede auf der Konferenz der Kreis- und Abteilungsfunktionäre am 14. Januar 1949, in: SPD Mitteilungen für Funktionäre des Landesverbandes Groß-Berlin, Februar 1949, S. 2ff.

9 Ders., Weitergeführte Demokratie, in: Der Monat Jg. 1, Februar 1949, S. 2ff.

10 Willy Brandt, Rede des Vertreters des SPD-Parteivorstandes in Berlin auf dem VI. Landesparteitag der Berliner SPD, 8. Mai 1949, in: ders., Berliner Ausgabe Bd. 4, Dokument Nr. 5, S. 124.

11 Brandt, Mein Weg nach Berlin, S. 159.

12 Willy Brandt, deutsches Manuskript der 2. Vorlesung in Harvard, 3. Oktober 1962, S. 30f., WBA, A3, 144. Zitiert bei Schmidt, Die Wurzeln, S. 624.

13 Untertitel: „Entwicklungstendenzen in der zweiten Hälfte des 20. Jahrhunderts“, erschienen: Köln 1955.

14 s. Anm. 12.

15 Zu Sternberg vgl. Helga Grebing (Hrsg.), Fritz Sternberg (1895–1963). Für die Zukunft des Sozialismus. Köln 1981 (hier auch Bibliografie und biografische Daten).

16 Zu Willy Brandts Beratern gehörte auch Richard Löwenthal (1908–1991), den er zum ersten Mal 1938 in Paris kennengelernt hatte. Brandt verbanden mit Löwenthal nach seinen eigenen Worten drei Zielsetzungen: 1. Europäische Einheit anstreben, 2. Konsequenzen aus der Geschichte der Weimarer Republik ziehen, 3. Unabhängigkeit gegenüber „der sowjetischen Macht und ihren Agenturen zu erringen“. (Trauerrede für Richard Löwenthal am 23. August 1991, WBA, A3, 1181).

17 Gespräch Willy Brandts mit Joseph Rovan am 23. August 1973, in: Willy Brandt, Berliner Ausgabe Bd. 6, Dokument Nr. 79, S. 491.

18 Willy Brandt, Rede auf dem SPD-Parteitag 10.–14. April 1973 in Hannover, Protokoll der Verhandlungen des Parteitags, S. 69–112, Zitat S. 89f.

19 Ebenda.

20 Vgl. Willy Brandt, Rede anlässlich des 100. Geburtstags von Otto Wels am 15. September 1973, in: ders., Berliner Ausgabe Bd. 5, Dokument Nr. 8, S. 109.

21 Willy Brandt, Rede in der Evangelischen Akademie in Tutzing am 7. März 1976, in: ders., Berliner Ausgabe Bd. 5, Dokument Nr. 33, S. 196, 197.
22 Ebenda, S. 198.
23 Ebenda, S. 199.
24 Willy Brandt, Rede anlässlich des 30. Jahrestages der Eröffnung des Karl-Marx-Hauses in Trier am 4. Mai 1977, in: ders., Berliner Ausgabe Bd. 5, Dokument Nr. 48, S. 265.
25 Brandt, Rede in Tutzing (Anm. 21), S. 194.
26 Vgl. Günther Nenning, Realisten oder Verräter? Die Zukunft der Sozialdemokratie, München 1976, hier: Gespräch mit Willy Brandt am 7. April 1976, S. 157–171, Zitat S. 158.
27 Brandt, Rede in Trier (Anm. 24), S. 259.
28 Willy Brandt zu „25 Jahre nach Godesberg" am 12. November 1984 in Bonn, in: ders., Berliner Ausgabe Bd. 5, Dokument Nr. 94, S. 411–419, Zitat S. 414. Vgl. auch weitere Reden zum Komplex ‚neues Programm': Willy Brandt, Zwischen Essener Parteitag und Irseer Entwurf. Materialien hrsg. vom Vorstand der SPD, Bonn 1986.
29 Vgl. Brandt, Materialien (Anm. 28), S. 14. Siehe hier auch die Rede Willy Brandts auf dem AfA-Bundeskongress am 7. März 1986 in Hannover, S. 24–28.
30 Vgl. Willy Brandt, Menschenrechte misshandelt und missbraucht, Reinbeck 1987; ders., Umbrüche. Neue Chancen für den Nord-Süd-Dialog. Interviews mit Jean Lacombe, Berlin 1991, S. 88, 91; ders., Die Zukunft des demokratischen Sozialismus, in: Die Neue Gesellschaft/Frankfurter Hefte, Sonderheft 1, 37. Jg., 1990, S. 17–24. – Vgl. ders., Über Europa hinaus. Dritte Welt und Sozialistische Internationale. Berliner Ausgabe Bd. 8, bearbeitet von Bernd Rother und Wolfgang Schmidt, Bonn 2006.
31 Willy Brandt, Der Nord- und Südkonflikt. Gegensatz als globale Herausforderung, in: Grebing, Brandt, Schulze-Marmeling (Hrsg.), Sozialismus in Europa, S. 250–263, Zitate S. 252, 254.
32 Brandt, Die Zukunft, S. 24.
33 Willy Brandt, Rede auf dem Parteitag der SPD 17.–21. Mai 1984 in Essen. Protokoll der Verhandlungen des Parteitags, S. 432.
34 Willy Brandt, Rede auf dem Programm-Parteitag der SPD 18.–20. Dezember 1989. Protokoll der Verhandlungen des Parteitags, S. 139.
35 Rede Brandts in Nürnberg 13. September 1991, S. 476.
36 Ebenda, S. 479. – Ähnliche Gedanken finden sich in der Rede Brandts aus Anlass des 40 Jahrestages der Wiederbegründung der Sozialistischen Internationale am 25. Juni 1991 in Frankfurt a. M. (WBA, A 3, 1093).
37 Brandt, Die Zukunft, S. 17.

Anmerkungen zu 7. Der andere Deutsche. Was bleibt, was darf nicht verloren gehen

1 Willy Brandt, Rede auf dem Forum (der Historischen Kommission beim Parteivorstand der SPD) „Erben deutscher Geschichte – Bundesrepublik und DDR“ am 12. März 1987 im Erich-Ollenhauer-Haus in Bonn, in: Brandt, Berliner Ausgabe Bd. 5, Dokument Nr. 100, S. 436, 438, 439f, 440, 441, 443, 444.

2 Vgl. hierzu neuerdings Paul Ginsborg, Wie Demokratie leben, Berlin 2008; Christoph Möllers, Demokratie – Zumutungen und Versprechen, Berlin 2008.

3 Vgl. den Beitrag von Hubert Kleinert, Abstieg der Parteiendemokratie, in: Parteiendemokratie. Aus Politik und Zeitgeschichte Nr. 35/36, 2007, S. 3–10.

4 Helga Grebing, Die sozialen Ideen des demokratischen Sozialismus – ihre Bedeutung für das 21. Jahrhundert, in: perspektiven ds, H. 2, 2004.

5 Vgl. Helga Grebing, Der Grundwert Solidarität in Zeiten der Verkündung von ‚Eigenverantwortung‘; Friedhelm Hengsbach, Gerechtigkeits- und Solidaritätsverständnis und Sozialstaat, beide in: perspektiven ds, H.2, 2005; Internationale Solidarität, Aus Politik und Zeitgeschichte Nr. 21, 2008.

6. Vgl. Andreas Rödder, Wolfgang Elz, Alte Werte – Neue Werte. Schlaglichte des Wertewandels, Göttingen 2008; Patriotismus, Aus Politik und Zeitgeschichte Nr. 1/2, 2007.

7 Vgl. Ginsborg, Demokratie, S. 71–112.

Glossar

AdsD
Archiv der sozialen Demokratie der Friedrich-Ebert-Stiftung (FES) Bonn; am 5. Juni 1969 von Willy Brandt eröffnet, zentrales Archiv und Forschungsstätte für die Geschichte der Arbeiterbewegung und der deutschen Sozial- und Zeitgeschichte.

ADGB
Allgemeiner Deutscher Gewerkschaftsbund, gegründet 1919 als Dachverband der Freien Gewerkschaften.

BRD
Bundesrepublik Deutschland, 1949 gegründet, 1990 erweitert durch die Länder der ehemaligen DDR.

Bremer Linksradikale
Bereits vor 1914 bestehende oppositionelle Gruppe in der Sozialdemokratie, benannte sich November 1918 in „Internationale Kommunisten Deutschlands" um und bildete den radikalen Kern der am Jahresende 1918 gegründeten KPD.

BWBS
Bundeskanzler-Willy-Brandt-Stiftung, 1994 durch den Deutschen Bundestag errichtet. Sie hat die Aufgabe, das Andenken an das Wirken Willy Brandts zu wahren.

DDR
Deutsche Demokratische Republik, 1949 auf dem Gebiet der Sowjetischen Besatzungszone gegründet, 1990 beendet durch den Beitritt zur Bundesrepublik Deutschland.

DGB
Deutscher Gewerkschaftsbund, gegründet 1949 als Dachorganisation der Einzelgewerkschaften, beruhend auf dem Prinzip der Einheitsgewerkschaft.

DNA
Det norske Arbeiderparti (Die Norwegische Arbeiterpartei), 1887 gegründet, stellte 1928 erstmals die Regierung.

EG
Europäische Gemeinschaft, gegründet 1958 von den sechs Mitgliedsstaaten (Belgien, Bundesrepublik Deutschland, Frankreich, Italien, Luxemburg, Niederlande) der Europäischen Gemeinschaft für Kohle und Stahl.

EU
Europäische Union, 1993 gegründet, aus (gegenwärtig) 27 Nationen bestehender Staatenverbund.

„Eisenacher“
vom 7.–9. August 1869 wurde in Eisenach unter Leitung von August Bebel die Sozialdemokratische Arbeiterpartei gegründet (SDAP).

Falken, auch: Rote Falken
zu ihren Vorläufern gehörten in der Weimarer Republik die Sozialistische Arbeiterjugend (SAJ) und die Kinderfreunde. Ende der 1920er Jahre nannten sich die älteren Kinderfreunde und die jüngeren SAJler ‚Falken‘ oder sogar nach österreichischem Vorbild ‚Rote Falken‘.

FDGB
Freier Deutscher Gewerkschaftsbund, Dachverband der ca. 15 Einzelgewerkschaften der DDR.

FES
Friedrich-Ebert-Stiftung, gegründet 1925 nach dem Tod des sozialdemokratischen Reichspräsidenten Friedrich Ebert, 1933 verboten, 1946 wieder gegründet, 1954 umgewandelt in einen gemeinnützigen Verein. Heute größte parteinahe Stiftung, finanziert durch Zuwendungen aus dem Bundes- und den Länderhaushalten. Ihre Hauptauf-

gabe ist die Förderung der politischen und gesellschaftlichen Bildung im Geiste von Demokratie und Pluralismus sowie zur internationalen Verständigung beizutragen.

IG Druck und Papier
Die Industriegewerkschaft Druck und Papier war eine Einzelgewerkschaft des DGB, 1989 schloss sie sich mit der IG Kunst, Kultur und Medien zur IG Medien, Druck und Papier, Publizistik und Kunst zusammen, die 2001 in der Vereinten Dienstleistungsgewerkschaft (ver.di) aufging.

IGM
Industriegewerkschaft Metall, die größte Einzelgewerkschaft des DGB; zu ihr gehören heute auch die Gewerbebereiche Textil, Bekleidung, Holz und Kunststoff.

IGB
Internationaler Gewerkschaftsbund (englische Bezeichnung International Federation of Trade Unions / IFTU), 1901 erste Versuche einer internationalen Organisation freier Gewerkschaften, 1912 Gründung, ab 1933 Beteiligung am Kampf gegen den Faschismus.

Internationale Gruppe demokratischer Sozialisten, Arbeitskreis für Friedensfragen
Dem Arbeitskreis gehörten von Juli 1942 bis Mai 1945 nord- und westeuropäische Sozialisten in Stockholm an; Diskussion der Probleme einer Friedensordnung für Europa und Deutschland nach dem Ende des Zweiten Weltkriegs; auch „Kleine Internationale" genannt.

KAPD
Kommunistische Arbeiterpartei Deutschlands, 1920 gegründet vom linken Flügel der KPD, verblieb in einer Minderheitenposition, hatte aber bekannte Schriftsteller und Intellektuelle in ihren Reihen.

Kinderfreunde
genau: Reichsarbeitsgemeinschaft der Kinderfreunde, 1923 gegründet, fasste alle auf dem Gebiet der Kinderwohlfahrt und Erziehung wirkenden sozialdemokratischen Organisationen zusammen.

Kleine Internationale
Siehe unter „Internationale Gruppe demokratischer Sozialisten".

Komintern
Kommunistische Internationale, gegründet 1919, von Lenin angeregt, unter Stalin abhängig gemacht von der KPdSU bzw. der UdSSR und benutzt für deren Hegemonialbestrebungen.

KPD
gegründet am 31.12.1918/1.1.1919 von mehreren linkssozialistischen Gruppierungen (Spartakusbund, Internationale Kommunisten Deutschlands, den früheren Bremer Linksradikalen); zur Parteileitung gehörten u.a. Paul Frölich, Karl Liebknecht, Wilhelm Pieck; Clara Zetkin und Ernst Thälmann kamen erst 1920 aus der USPD dazu.

KPO, auch: KPD-O
Kommunistische Partei-Opposition, Zusammenschluss von KPD-Mitgliedern, die dem ultralinken (gegen die Sozialdemokratie gerichteten) Kurs der KPD nicht mittragen wollten; ihre Vertreter Heinrich Brandler und August Thalheimer u.a. waren aus der KPD ausgeschlossen worden.

Naturfreunde
Eine 1895 in Wien von einem sozialistischen Lehrer gegründete, heute noch tätige, internationale Umwelt-, Kultur-, Freizeit- und Touristikorganisation, die sich abgrenzte von den bürgerlichen Gebirgs- und Wandervereinen, aber auch von den ‚Wandervögeln'.

‚Neuer Weg'
1937 Abspaltung von der SAP nach Ausschluss der Wortführer Walter Fabian und Erwin Ackerknecht, Kritiker des Stalinismus und der Politik der Kommunistischen Internationale, forderten sie einen Neuanfang durch Rückkehr zu den Ursprüngen der Oktoberrevolution.

‚Noske-Partei'
die linkssozialistischen, teilweise auch kommunistischen Rückkehrer in die sozialdemokratische Arbeiterbewegung nach 1945 bezeichne-

ten, sich selbst ironisierend, die SPD so, in Erinnerung an die Ereignisse in der Revolution 1918/19.

POUM
Partido Obrero de Unificación Marxista (Arbeiterpartei der Marxistischen Einheit) 1935 gegründet, marxistisch-trotzkistische Wurzeln, wurde von den spanischen Kommunisten im Bürgerkrieg diffamiert, verfolgt und schließlich 1937 verboten, ihre Führer vom stalinistischen Geheimdienst (GPU) verschleppt und ermordet.

Reformismus
Abwertend benutzt im Marxismus-Leninismus für Strömungen in der Arbeiterbewegung, die den Sozialismus durch Reformen im Rahmen einer demokratischen Staats- und Gesellschaftsordnung erreichen wollen.

SAJ
Sozialistische Arbeiterjugend, in Deutschland und Österreich, 1931 Spaltung, ca. 5000 Mitglieder schlossen sich der SAP an und bildeten dort den Sozialistischen Jugendverband (SJVD), dem auch Willy Brandt angehörte.

SAP(D)
Oktober 1931 gegründet von einem Teil der linken Opposition in der SPD nach ihrem Ausschluss. 1932 kam ein Teil der KPD(O) hinzu; ebenfalls folgten Teile der SAJ in die SAP, unter ihnen Willy Brandt. Das Hauptmotiv der Partei, den Brückenschlag zwischen SPD und KPD zustande zu bringen, scheiterte.

SDS
Sozialistischer Deutscher Studentenbund, gegründet im September 1946 in Hamburg als formell unabhängiger, der SPD nahe stehender Studentenverband. Seit Mitte der 1950er Jahre wachsende Spannungen zwischen SDS und SPD, 1961 Unvereinbarkeitsbeschluss, der SDS-Mitglieder und Sympathisanten aus der SPD ausschloss. Danach Sammlungsbewegung der Neuen Linken, 1970 Selbstauflösung.

SDS-Förderkreis
unterstützte den SDS, seine Mitglieder wurden ebenfalls aus der SPD ausgeschlossen.

SED
Sozialistische Einheitspartei Deutschlands, entstanden im April 1946 durch die Zwangsvereinigung von KPD und SPD in der Sowjetischen Besatzungszone, entwickelte sich zur kadermäßig organisierten Staatspartei, ihr Führungsanspruch wurde 1989 aus der Verfassung der DDR gestrichen, 1990 Umbenennung in PDS, 2005 in ‚Die Linkspartei'.

SOPADE (auch SoPaDe)
Selbstbezeichnung der SPD von 1933 bis 1938 im Prager, 1939 bis 1940 im Pariser und 1940 bis 1945 im Londoner Exil.

Sozialistische Arbeiterinternationale
Entstand 1923 als Folgeorganisation der 1889 gegründeten Internationale, 1940 aufgelöst. Gilt als Vorläuferin der 1951 gegründeten Sozialistischen Internationale.

SP
Sozialdemokratische Partei, so oft genannt von den emigrierten Linkssozialisten zwischen 1933 und 1945.

UdSSR, auch SU
Union der Sozialistischen Sowjetrepubliken, gegründet 1922, 1991 aufgelöst.

Volksbühne
entstand 1890 in Berlin als „Freie Volksbühne" mit dem Ziel, Arbeitern Theaterbesuche zu ermöglichen. Daraus entstand die in ganz Deutschland verbreitete Bewegung der deutschen Volksbühnenvereine.

WBA
Willy-Brandt-Archiv im Archiv der sozialen Demokratie der Friedrich-Ebert-Stiftung in Bonn, enthält den gesamten Nachlass Willy Brandts.

Kurzbiografien

Aufgenommen werden nur Personen, deren biografische Daten nicht ohne Aufwand erschlossen werden können. Hingewiesen sei auf folgende Handbücher, die neben den gebräuchlichen elektronischen Hilfsmitteln zu Rate gezogen werden können:

1. Biographisches Handbuch der Mitglieder des Deutschen Bundestages 1949–2002, hrsg. von Rudolf Vierhaus und Ludolf Herbst unter Mitarbeit von Bruno Jahn, 3 Bände, München 2002 f.
2. Biographisches Handbuch der deutschsprachigen Emigration nach 1933, hrsg. von Werner Röder und Herbert A. Strauß, München 1980 ff.
3. Handbuch der deutschsprachigen Emigration 1933–1945, hrsg. von Claus-Dieter Krohn, Darmstadt 1998.
4. Grebing, Helga, Geschichte der deutschen Arbeiterbewegung, Berlin 2007, enthält auf den Seiten 278–315 einschlägige Kurzbiografien.
5. Grebing, Helga (Hrsg.), Lehrstücke in Solidarität. Briefe und Biographien deutscher Sozialisten 1945–1949, Stuttgart 1983.
6. Ein biografisches Personenregister enthalten auch die einzelnen Bände: Willy Brandt, Berliner Ausgabe, Bonn 2000 f.

Behm, Ernst (1902–1993), geboren in Berlin, Volksschullehrer, 1931 SAP-Mitglied, 1933 Emigration nach Kopenhagen, 1935 nach Stockholm, nach 1945 vergebliche Rückkehrversuche.

Birkelbach, Willi (1913), geboren in Frankfurt a. M., Abitur, kaufmännische Ausbildung, 1930 Eintritt in die SPD, 1934 Widerstand in einer Untergrundorganisation der SAP, zweieinhalb Jahre Zuchthaus, ab Ende 1942 Strafbataillon 999, 1944 Kriegsgefangenschaft in Albanien. 1947–1951 Leiter der Gewerkschaftsschule in Oberursel/Hessen. 1950–1964 in den parlamentarischen Institutionen der Europäischen Gemeinschaft tätig, zuletzt als Vorsitzender der Sozialistischen Fraktion. 1964 Chef der Staatskanzlei der sozialdemokratischen hessischen Regierung, Leiter des Landespersonalamtes, 1971–1975 erster Datenschutzbeauftragter des Landes Hessen.

Brenner, Otto (1907–1972), geboren in Hannover, Ausbildung zum Elektromonteur, seit 1921 Mitglied des Deutschen Metallarbeiterverbandes, SAJ, seit 1926 SPD, Austritt 1930, 1931 SAP, 1933 arbeitslos, illegale Arbeit, zu zwei Jahren Gefängnis verurteilt, seit 1936 wieder Elektromonteur, 1945 SPD, 1947 Bezirksleiter der IGM in Hannover, 1952 Vorsitzender der Bundesorganisation der IGM (bis 1972).

Buchheister, Werner (1901–1963), Lehrer in Wolfenbüttel, Braunschweig, Hannover (Polizeischule), 1931 SAP, 1933–1935 in Haft, danach Flucht nach Norwegen, dann Schweden. 1946 Redakteur, 1950 Leiter der DGB-Bundesschule Bad Münster am Stein (jetzt Bad Kreuznach), 1956 in Niederpöcking am Starnberger See.
Seine Frau Eleonore B. (1901- Todesjahr unbekannt), Buchhändlerin, SAP, seit 1938 im Exil in Norwegen und Schweden, 1945 ebenfalls Rückkehr nach Deutschland.

Diamant, Max (1908–1992), geboren in Russland, jüdischer Herkunft, seit 1922 in Gewerkschaften und sozialen Jugendorganisationen tätig, 1931 SAP, 1933 nach illegaler Tätigkeit Flucht nach Frankreich, Mitglied der SAP-Auslandszentrale, 1936/37 in Spanien, Leiter des deutschen Büros der POUM, 1942–1961 in Mexiko, seit 1961 Leiter der Abteilung ausländische Arbeitnehmer beim Vorstand der IGM in Frankfurt a. M.

Enderle, August (1887–1959), geboren in Feldstetten/Württemberg, Mechaniker und Eisendreher in Stuttgart, 1905 SPD, 1917 USPD, 1919 KPD, Gewerkschaftsredakteur des KPD-Zentralorgans Die Rote Fahne, Januar 1929 aus der KPD ausgeschlossen, Gründungsmitglied der KPO, 1932 SAP, Juli 1933 Flucht nach Belgien, Dänemark, Schweden (Stockholm), hier führendes Mitglied der SAP-, dann seit 1944 der SPD-Gruppe, Juni 1945 Rückkehr nach Bremen, Aufbau des Weser-Kuriers, 1947 Chefredakteur der DGB-Zeitschrift für die Britische Zone, Der Bund, 1950–1954 des Funktionärsorgans des DGB, Die Quelle, in Köln.

Enderle, Irmgard (1895–1985), in Frankfurt a. M. geboren, 1917 Lehrerinnen-Examen, danach Studium der Philosophie, Pädagogik und Volkswirtschaft an der Universität Berlin, 1918 USPD, dann KPD, Funktionärin im zentralen Apparat der KPD in Berlin, 1927–1928 Redakteurin der Roten Fahne, Januar 1929 Ausschluss aus der KPD, KPO, 1932 SAP, Sommer 1932 Heirat mit August E., 1933 Flucht wie ihr Mann, seit 1944 SPD. Juni 1945 Rückkehr nach Bremen, Redakteurin beim Weser-Kurier, 1946 Mitglied der Bremer Bürgerschaft, 1949 Redakteurin in der Welt der Arbeit, der Wochenzeitung des DGB, in Köln, 1948–1949 Mitglied des Bizonen-Wirtschaftsrates, 1950–1955 Vorstandsmitglied der IG Druck und Papier, seit 1951 als freie Journalistin in der Gewerkschaftspresse tätig.

Fabian, Walter (1902–1992), geboren in Berlin, jüdischer Herkunft, Studium der Pädagogik, Geschichte und Nationalökonomie, 1924 Promotion, Eintritt in die SPD, tätig in der Bildungsarbeit der SPD, 1931 Ausschluss, SAP, 1933–1935 illegale Arbeit in Berlin, Flucht nach Paris, Mitglied der SAP-Auslandsleitung, 1937 Ausschluss aus der SAP, Bildung der Gruppe Neuer Weg. 1940 interniert, elf Monate Fremdenlegion in Nordafrika, danach illegal in die Schweiz, dort journalistisch und schriftstellerisch tätig, 1954–1970 erst Mitarbeiter, dann Chefredakteur des DGB-Organs Gewerkschaftliche Monatshefte, 1966 Professor für Pädagogik an der Universität Frankfurt a. M., u. a. langjähriger Vorsitzender der ‚Deutschen-Journalisten-Union'.

Fechner, Max (1892–1973), in Berlin geboren, Werkzeugmacher, 1910 SPD, 1917 USPD, 1921 Rückkehr zur SPD, Mitglied des Preußischen Landtags, nach 1933 Widerstand und KZ. 1945 Vorsitzender des Berliner Zentralausschusses der SPD, Befürworter der Vereinigung von SPD und KPD, 1946–1950 stellv. Vorsitzender der SED, 1949–1953 DDR-Justizminister, 1953 Parteiausschluss, Verhaftung, Verurteilung zu acht Jahren Zuchthaus, 1956 amnestiert, 1958 Wiederaufnahme in die SED.

Frölich, Paul (1884–1953), geboren in Leipzig, kaufmännische Lehre, 1902 SPD, Journalist bei der Leipziger Volkszeitung, Mitglied der Bremer Linksradikalen, 1919 KPD, Mitglied der KPD-Zentrale, 1924 gemaßregelt, 1928 ausgeschlossen, Mitglied der KPO-Reichsleitung, 1932 SAP, 1933 KZ-Haft, Flucht nach Paris, führendes Mitglied der

SAP-Auslandsleitung. 1939 interniert, 1941 Emigration in die USA. 1951 Rückkehr in die Bundesrepublik, SPD, Dozent an der Georg-von-Vollmar-Akademie (Bildungsstätte der SPD) in Kochel/Oberbayern.

Frölich, Rose (auch: Rosi), geb. Wolfstein (1888–1987), geboren in Witten/Westfalen, jüdischer Herkunft, kaufmännische Ausbildung, 1908 SPD, nach 1914 Spartakus-Gruppe, führendes Mitglied der KPD-Zentrale bis 1924, 1929 KPD-Ausschluss, KPO, 1932 SAP, 1933 Flucht nach Belgien, dann Paris, 1941 USA, 1951 Rückkehr nach Frankfurt a. M., aktiv in der SPD tätig.

Goldenberg, Boris (1905–1980), geboren in St. Petersburg, jüdischer Herkunft, seit 1914 in Berlin, Studium der Geschichte und Soziologie, Promotion 1930, seit 1924 SPD, 1927 KPD, 1929 Ausschluss, KPO, 1932 SAP. 1933 kurzfristig verhaftet, Flucht nach Paris, 1935–1937 Palästina, dann wieder Paris, 1940 Flucht nach Südfrankreich, 1941 Exil in Kuba, Journalist, Gegner Fidel Castros, 1960 nach London, 1964 Köln, bis 1971 Leiter der Lateinamerika-Redaktion der Deutschen Welle.

Guillaume, Günter (1927–1995), Mitarbeiter des Staatssicherheitsdienstes der DDR, 1956 in dessen Auftrag Übersiedelung in die Bundesrepublik, 1957–1974 Mitglied der SPD, 1969–1974 Mitarbeiter im Bundeskanzleramt, seit 1972 persönlicher Referent des Bundeskanzlers Willy Brandt, 1974 verhaftet, 1975 wegen Spionage verurteilt, 1981 in die DDR abgeschoben.

Lamm, Fritz (1911–1977), geboren in Stettin, jüdischer Herkunft, Buchhändler, 1929 SAJ, SPD, 1931 SAP, 1933 verhaftet, 2 Jahre Gefängnis, 1936 Flucht in die Schweiz, Abschiebung nach Österreich, von dort nach Prag, 1938 nach Paris, Sekretär von Jacob Walcher und Fritz Sternberg, 1939 interniert, Ende 1941 Flucht nach Marseille, 1942 Exil in Kuba, arbeitet als Diamantenschleifer und Buchhalter, Ende 1948 Rückkehr nach Stuttgart, 1956–1974 Betriebsratsvorsitzender der Stuttgarter Zeitung, 1948 SPD, 1963 Ausschluss, Bundeskulturreferent der Naturfreunde.

Lang, Joseph, gen. Jola (1902–1973), geboren in Ungarn, aufgewachsen in Mainz, jüdischer Herkunft, Buchhändler, 1920 KAPD, dann KPD, 1929 ausgeschlossen, KPO, 1932 SAP, 1933 Koordinator der illegalen Arbeit der SAP, verhaftet, 1934 Flucht nach Prag, 1938 nach Paris, November 1940 Exil in den USA/New York, Inhaber eines Textilgeschäfts, nach 1945 zusammen mit seiner Frau Organisierung einer Hilfsaktion für verfolgte Sozialisten, 1950 Rückkehr nach Frankfurt a. M., Mitglied der SPD, Leiter der Buchhandlung des Bund-Verlages (des DGB), führendes Mitglied der Frankfurter SPD, viele Jahre deren stellvertretender Vorsitzender.

Lang-Halbe, Erna (1892–1983), geboren in Hamburg, Dienstmädchen, 1910 SPD (vorher SAJ), 1914 wegen Opposition gegen die Bewilligung der Kriegskredite ausgeschlossen, Mitglied der Gruppe der Hamburger Linksradikalen, mehrfach verhaftet, März 1918 Mitglied des Hamburger Arbeiter- und Soldatenrates, 1919 KPD, 1921 politische Leiterin der KPD im Magdeburger Industriebezirk, 1924–1927 Reichsfrauenleiterin der KPD, 1929 Ausschluss, KPO, 1932 SAP, 1933 illegale Tätigkeit für die SAP, mehrere Monate in Haft, danach Flucht nach Prag, 1938 nach Paris, November 1940 mit ihrem Mann Joseph L. in die USA/New York. 1950 Rückkehr nach Frankfurt a. M., SPD, in der Frauenarbeit tätig.

Löwenthal, Richard (auch: Paul Sering) (1908–1991), geboren in Berlin, jüdischer Herkunft, Studium der Nationalökonomie und Soziologie in Berlin und Heidelberg, 1926–1929 KPD, dann KPO, nach 1933 Mitarbeit beim Aufbau der Gruppe ‚Neu Beginnen', 1935 Flucht nach Prag, 1938 Paris, 1939 London, Tätigkeit als freier Journalist, nach 1945 für ‚Observer' und ‚Reuters', 1945 SPD, 1961 Rückkehr nach Berlin, Professor für Politikwissenschaft an der Freien Universität.

Myrdal, Alva (1902–1986), geboren in Uppsala/Schweden, Studium Psychologie und Sozialwissenschaften, 1924 Heirat mit Gunnar M., 1936–1948 Leitung des Sozialpädagogischen Seminars in Stockholm, 1932 Mitglied der Sozialdemokratischen Arbeiterpartei, 1950–1955 Leiterin der sozialwissenschaftlichen Abteilung der UNESCO, 1956 schwedische Botschafterin in Indien und Ceylon, 1966–1973 Ministerin für Abrüstungsfragen, ab 1969 gleichzeitig auch Ministerin für kirchliche Angelegenheiten, 1970 Friedenspreis des Deutschen Buchhandels (gemeinsam mit Gunnar M.), 1982 Friedensnobelpreis (mit Alfonso Garcia Robles).

Myrdal, Gunnar (1898–1987), geboren in Stockholm, Studium der Rechtswissenschaften, Nationalökonomie, Soziologie und Finanzwissenschaften, Promotion 1927, 1933–1950 Professor für Wirtschaftspolitik in Stockholm, 1932 Sozialdemokratische Arbeiterpartei, 1945–1947 schwedischer Handelsminister, 1947–1957 Leiter der Europäischen Wirtschaftskommission der UNO in Genf, 1960–1967 Professur in Stockholm, 1970 Friedenspreis des Deutschen Buchhandels (mit Alva M.), 1974 Nobelpreis für Wirtschaftswissenschaften (mit Friedrich Hayek).

Neumann, Franz (1904–1974), geboren in Berlin, Schlosserlehre, 1919 Metallarbeiterverband, 1920 SPD, Ausbildung zum Jugendfürsorger, 1933 Verlust des Arbeitsplatzes, 1934 verhaftet und zu einer eineinhalbjährigen Gefängnisstrafe verurteilt, nach der Haft unter Polizeiaufsicht. 1945 an der Neugründung der SPD beteiligt, maßgeblich tätig für die Urabstimmung der SPD in West-Berlin gegen die Zwangsvereinigung, 1946–1958 Vorsitzender der Berliner SPD, 1948–1969 Bundestagsabgeordneter.

Sternberg, Fritz (1895–1963), geboren in Breslau, jüdischer Herkunft, Studium der Staatswissenschaften und Nationalökonomie, 1917 Promotion; bis 1924 jüdische Arbeiterbewegung, dann marxistischer Theoretiker und Publizist, 1931 SAP, 1933 Flucht nach Prag, Basel, Paris, 1939 in die USA, freier Publizist und Dozententätigkeit in New York und Los Angeles, 1945 amerikanischer Staatsbürger, seit den 1950er Jahren publizistisch tätig in der Bundesrepublik und in Österreich, vor allem bei den Gewerkschaften, Autor zahlreicher sozioökonomischer Bücher.

Sternberg-Worringer, Lucinde (1918–1998), geboren in Bonn, aufgewachsen in Königsberg, Schauspielerin, nach 1945 Redakteurin und Lektorin, seit 1954 Mitarbeiterin und später Ehefrau von Fritz St., Mitglied der SPD seit 1965, in verschiedenen Funktionen in München und Göttingen tätig, Mitglied des Seniorenrates der SPD.

Szende, Stefan (1901–1985), geboren in Ungarn, jüdischer Herkunft, Publizist, bis 1929 Mitglied der KP in Ungarn und Österreich, 1930 nach Deutschland ausgewiesen, 1931 KPO, dann SAP, 1934–1935 Zuchthaus, Flucht nach Prag, 1937 nach Schweden, hier als Journalist, Schriftsteller, Inhaber/Leiter eines Nachrichtenbüros tätig.

Tarnow, Fritz (1880–1951), geboren in Bad Oeynhausen, Tischler, 1903 SPD, ab 1906 Sekretär des Deutschen Holzarbeiterverbandes, 1920–1933 Vorsitzender des Verbandes, seit 1928 Mitglied des ADGB-Bundesvorstandes und der SPD-Fraktion des Reichstages, im Exil erst in Dänemark, dann in Schweden. 1946 Rückkehr nach Deutschland, bis 1949 verschiedene Funktionen beim Wiederaufbau der Gewerkschaften.

Tranmæl, Martin (1879–1967), 1921–1950 Redakteur des norwegischen ‚Arbeiderbladet', 1906–1963 Mitglied des Parteivorstandes der norwegischen Arbeiterpartei (DNA).

Walcher, Jacob (1887–1970), in Wain/Oberschwaben geboren, Dreher, 1902 Mitglied des Metallarbeiterverbandes, 1906 SPD, führendes Mitglied der Spartakus-Gruppe, 1918 Vorsitzender des KPD-Gründungsparteitages, 1919–1924 Mitglied der Zentrale der KPD, 1928 ausgeschlossen, 1929 KPO, 1932 SAP, 1933 Flucht nach Paris, Mitglied der SAP-Auslandsleitung, 1941 USA, 1946 Rückkehr nach Berlin, SED, Chefredakteur der FDGB-Zeitung Die Tribüne, 1951 ausgeschlossen aus der SED, 1956 rehabilitiert, seitdem ohne Funktionen.

Willy Brandt – Lebensdaten

1913 Am 18. Dezember in Lübeck als Herbert Ernst Karl Frahm geboren
1929 Mitglied der Sozialistischen Arbeiterjugend (SAJ) in Lübeck
1930 Mitglied der SPD
1931 Wechsel zur Sozialistischen Arbeiterpartei Deutschlands (SAPD); Vorsitz ihres Jugendverbandes in Lübeck
1932 Abitur am Lübecker Reformgymnasium ‚Johanneum'
1933 Exil in Norwegen; unter dem Namen Willy Brandt Widerstand gegen die NS-Diktatur auf internationaler Ebene; umfangreiche journalistische und publizistische Tätigkeit
1936 Illegaler Aufenthalt in Berlin
1937 An Kampfhandlungen nicht beteiligter politischer Beobachter der SAP im Spanischen Bürgerkrieg
1938 Verlust der deutschen Staatsangehörigkeit durch Ausbürgerung
1939 Sekretär der norwegischen Volkshilfe
1940 Flucht ins Exil nach Schweden; norwegische Staatsbürgerschaft; umfangreiche publizistische Tätigkeit für den norwegischen Widerstand
1942–1945 Sekretär der ‚Kleinen Internationale' in Stockholm
1944 Eintritt in die Landesgruppe deutscher Sozialdemokraten in Schweden
1945 Nach Kriegsende Rückkehr nach Oslo
1945–1946 Berichterstatter für skandinavische Zeitungen aus Deutschland, u. a. über das Internationale Kriegsverbrechertribunal in Nürnberg
1947 Presseattaché an der norwegischen Militärmission in Berlin
1948 Vertreter des SPD-Parteivorstandes in Berlin; Wiedereinbürgerung

1949–1957, 1961	Vertreter Berlins im Deutschen Bundestag
1950–1969	Mitglied des Berliner Abgeordnetenhauses
1955–1957	Präsident des Berliner Abgeordnetenhauses
1957–1966	Regierender Bürgermeister von Berlin
1958–1964	Vorsitzender des Berliner Landesverbandes der SPD
1958–1992	Mitglied des Parteivorstandes der SPD
1960, 1964, 1966	Nominierung zum Kanzlerkandidaten der SPD
1962–1964	Stellvertretender Vorsitzender der SPD
1964–1987	Vorsitzender der SPD
1966–1969	Bundesminister des Auswärtigen und Vizekanzler in der Großen Koalition aus CDU/CSU und SPD
1966–1976	Vizepräsident der Sozialistischen Internationale
1969–1992	Mitglied des Deutschen Bundestages
1969	Bildung der sozialliberalen Koalition; Wahl zum Bundeskanzler
1970	Unterzeichnung des Warschauer und des Moskauer Vertrages
1971	Verleihung des Friedensnobelpreises; Ehrenbürger von Berlin
1972	Erfolgloses Misstrauensvotum der CDU/CSU gegen den Bundeskanzler; Sieg der SPD bei den Wahlen zum Deutschen Bundestag: Wiederwahl zum Bundeskanzler; Ehrenbürger von Lübeck
1973	Inkrafttreten des Grundlagenvertrages; Beitritt beider deutscher Staaten zu den Vereinten Nationen; Unterzeichnung des Prager Vertrages
1974	Rücktritt vom Amt des Bundeskanzlers
1976–1992	Präsident der Sozialistischen Internationale
1977–1983	Vorsitzender der Nord-Süd-Kommission
1979–1983	Mitglied des Europäischen Parlaments
1983, 1987	Alterspräsident des Deutschen Bundestages
1987–1992	Rücktritt als Vorsitzender der SPD; Ehrenvorsitzender
1990	Alterspräsident des ersten gesamtdeutschen Bundestages
1992	Am 8. Oktober in Unkel bei Bonn verstorben

Bildnachweise

Archiv der sozialen Demokratie (AdsD) der Friedrich-Ebert-Stiftung: Abb. 2, 3, 4.

Fotoarchiv Jupp Darchinger im Archiv der sozialen Demokratie der Friedrich-Ebert-Stiftung: Abb. 1, 7, 8, 9.

Willy Brandt-Archiv im Archiv der sozialen Demokratie der Friedrich-Ebert-Stiftung: Abb. 5.

W. McBride / Agentur Focus: Abb. 6.